JN437574

사람과
사람이
만날 때

양무리서원은 하나님 나라의 가치관이 정립된 건전하고
참신한 믿음 생활의 원리를 제시하고 있습니다.

사람과 사람이 만날 때

초판 1쇄 발행 2006년 8월 17일
초판 2쇄 발행 2010년 10월 25일

지은이 정영선 · 임세일
펴낸곳 양무리서원
출판등록 제307-2008-58호
주소 서울시 성북구 돈암1동 48-11
전화 02-922-6611 팩스 02-545-7895
보급처 비전북 T. 031-907-3927 F. 080-907-9193

ISBN 89-85312-89-8 03330
값 12,000원

인생을 결정하는 인간관계 심리학 ....

사람과 사람이 만날 때

정영선 · 임세일 지음

양무리서원

차례

■ 추천사

일상에서 만난 보석같은 이야기

적지 않은 인생을 살아오면서 항상 나를 힘들게 했던 게 무엇이었는지 생각해 보면, 그것은 바로 '인간관계'다. 실타래가 복잡하게 얽혀 있어서 해결 조짐이 전혀 보이지 않는 상황에서도 그야말로 기적적으로 인간관계를 풀어 나간 적이 한두 번이 아니었기 때문이다.

나는 대학의 총장과 기업의 CEO로 일하면서 수많은 문제들에 부딪혀 왔다. 여러 가지 다양한 이해관계들이 뒤섞여 있는 상황에서 내가 흔들림 없이 목표를 향해 달려갈 수 있었던 것은 나의 곁에서 항상 함께해 준 견고한 인간관계들이 있었기 때문이다. 나는 그들을 신뢰했고 어려움을 항상 함께 나눴기 때문에 힘든 상황에서도 문제를 넉넉히 해결할 수 있었다.

나는 이 책을 통해서 나와 주위 사람들과의 많은 인간관계에 대해서 다시 생각해 보게 되었다. 역경, 슬픔, 절망, 기쁨, 은혜, 웃음 등 온갖 상황이 뒤엉키는 가운데 첨예하게 대립하던 인간관계가 해소되고 변화되는 놀라운 감동을 경험한 것이다. 이 책의 사례들은 일상에서 쉽게 경험할 수 있는 것들이어서 깊은 공감을 불러일으켰으며, 과거에 내가 놓쳤거나 시도했던 작은 변화의 노력들을 이 책을 통해 다시 만나게 되었다.

스승과 제자로 만나 이 책의 저자들로 새롭게 변모한 그들의 관계를 지켜보면서 이 책의 새로운 힘을 느껴본다.

송 자 | 한국싸이버대학교 총장, 대교 회장

Ja Song

■ 머리말

상대방의 마음을 들여다보는 인간관계

드라마와 영화는 인간관계의 갈등이 증폭되고 해결되는 과정이 적절히 조화를 이룰 때 재미가 있다. 아무런 문제 없이 엮어지는 영화는 존재하지 않을 뿐 아니라 사람들에게 호감을 주지도 못한다.

하지만 사람들은 갈등과 해소가 반복되는 영화 같은 삶을 실제로 경험하고 싶어 하지는 않는다. 갈등으로 엮어지는 상황은 크든 작든 사람들에게 심각한 고통과 후유증을 안겨 주기 때문이다.

사회는 여러 사람들이 더불어 살아가는 공동체다. 사람들의 생각과 행동이 모두 동일하다면 아무런 마찰이나 갈등이 없겠지만, 그것들이 저마다 다르기 때문에 사람들은 항상 남들과 대립하거나 부딪힐 가능성을 안고 살아간다. 하지만 이런 상황에서 자기는 변하지 않으면서 상대방만 바꾸려고 하면 그 갈등의 폭은 더욱 확대되고 더해질 수밖에 없다. 따라서 날마다 새로운 문제가 일어나는 상황 속에서, 갈등을 단번에 해소하는 방법을 찾으려고 하기보다 그것을 먼저 자기 쪽에서 풀어갈 때 갈등의 폭을 줄이고 해결의 실마리를 찾을 수 있다.

이 책은 여러 상황에서 벌어지는 인간관계의 갈등요인을 제시하고 그것을 풀어가는 소박한 이야기들을 담고 있다. 각각의 사례가 우리 자신이 경험하고 있거나 주변에서 쉽게 찾아볼 수 있는 사건들로 구성되어 있다. 다시 말해서, 이 책의 목적은 갈등을 해소하는 완벽한 문제해결책을 제시하려는 게 아니라, 여러 가지 갈등을 현실로 받아들이고 상대방의 입장에서 인간관계를 이해하는 것이다.

하지만 무조건 상대방을 이해하려는 것만으로는 갈등의 폭을 줄일 수 없다. 그렇기 때문에 다음과 같이 인간관계와 관련된 몇 가지 기본원리를 이해해야 한다.

- 변화하는 상황을 받아들이면서 동시에 그것을 주노적으로 이끌어 나가야 한다.
- 상대방을 변화시키려고 하기에 앞서 자신이 먼저 변화해야 한다.

• 인간의 생각, 감정, 의지, 행동은 바뀔 수 있으며 그것은 아주 작은 변화에서 시작된다.
• 세상은 '너'와 '나', 그리고 '우리'가 함께 만들어 간다는 사실을 인식해야 한다.
• 당장은 이해할 수 없다고 하더라도 상대방을 이해하려는 진정한 노력을 해야 한다.

이 책에는 이런 원리들을 바탕으로 생생한 사례들과 인물들의 갈등 상황이 살아 숨쉬듯 펼쳐진다. 그것은 지금 우리들이 겪고 있는 상황일 수도 있고 상대방의 마음을 들여다보는 계기가 될 수도 있다. 이 작은 시도가 독자들에게 도움이 되어 보다 원만한 인간관계를 맺어 나가게 되길 간절히 바란다.

무더운 여름날의 중턱에서 정영선, 임세일

부·모·가·바·라·보·는·자·녀

나를 주고 너를 낳았다

자신이 하는 일이 옳다고 생각하더라도 그것에 너무 맹목적으로 빠져들지 말고, 꼭 한 번은 심호흡을 하고 상대방의 입장에서 생각하고 이해하려고 노력해야 한다.

딸에게도 아빠의 자원봉사가 필요해

아빠가 딸에게

내가 딸아이에 대해 관심이 없었던 걸까? 자원봉사를 한답시고 바쁘게 지내다 보니 정작 가족들에게는 제대로 신경을 쓰지 못했던 것 같다. 평일에는 공무원으로 일하고, 주말에는 자원봉사 관련 단체에 소속되어 이리저리 뛰어다니며 지낸 지 올해로 3년째가 된다. 그동안 큰아이는 중학교 2학년, 작은 아이는 초등학교 4학년이 되었다. 그리고 우리 부부는 어느덧 40대 중반이 되었다.

지난 3년간 나는 알게 모르게 아내와 아이들에게 주말에 나와 동행할 것을 강요한 셈이 되었다. 가족들은 단 한 번도 불평하지 않고 나와 함께 자원봉사를 해왔다. 그런데 최근에 갑자기 큰아이가 자원봉사에 참가하지 않겠다고 일방적으로 선언했다.

"아빠, 저는 이번 주부터 자원봉사 빠져요."

"왜? 시험 주간이니? 우리 수희가 공부에 부담을 많이 느끼는 것 같구나. 그럼, 이번 주는 빠져라. 다음주에 함께 가면 되지, 뭐."

"아뇨, 이제부터는 안 한다고요. 그렇게 알고 계세요."

이렇게 일방적인 통고를 한 딸아이는 휭 하니 자기 방으로 들어가 버렸다. 순간 망치로 머리를 한 대 얻어맞은 것 같았다. 나는 이유도 묻지 못한 채 혼란스러워졌다.

아내는 뭔가 알고 있는 눈치였지만 나에게 일일이 설명하기보다는 딸아이의 선택이니 그냥 받아들이자고 했다. 하지만 나는 온갖 생각이 머리를 맴돌았다. '왜 그랬을까? 내가 뭘 잘못했나? 아니면 친구들하고 무슨 문제라도 있나? 혹시 남자친구와 다투기라도 한 걸까?'

큰아이는 한동안 아무 말이 없었고, 내가 출근할 때는 나보다 먼저 학교에 가고 퇴근할 때는 나보다 늦게 귀가했다. 그동안 나는 가족들에게 신뢰받는 가장이며 아빠라고 생각해 왔다. 하지만 그런 딸아이의 태도로 인해 나의 그런 자부심이 일순간 무너져 버리고 말았다.

얼마 안 있으면 풀어질 거라고 쉽게 생각했지만, 이틀이 지나고 사흘이 되어도 수희의 태도는 달라질 기미가 보이지 않았다. 그런데 큰아이 문제로 아내와 상의하던 중에 나는 커다란 충격을 받게 되었다.

"수희가 당신을 믿지 못하겠대요."

"도대체 그게 무슨 말이오! 지금까지 아무 불평 없이 잘 크던 애가 갑자기 아비를 믿지 못하겠다니!"

"큰아이가 주말에 당신을 따라다닌 게 올해로 3년째라는 거 알죠? 그 3년간 수희는 또래 친구들이 쉽게 누리던 것을 단 한 가지도 제대로 누리지 못했어요."

"그 애도 좋아했잖아! 지금까지 한 번도 빠지지 않고 열심히 해왔어. 지금까지 수희는 억지로 하는 기색을 보인 적이 전혀 없었어. 그건 당신도 알 거야. 묵묵히 자기 일을 찾아서 하는 걸 보면서 얼마나 대견하게 생각했었는데……."

그 일을 계기로 나는 몇 가지 사실을 깨달았다. 아이는 정작 자원봉사 활동을 하는 아빠와 늘 함께 다니기는 했지만, 사실은 전혀 아빠와 함께한 게 아니었다는 것이다. 아이는 주말까지 시간을 내어 다른 사람을 위해 일하는 아빠를 자랑스러워했지만, 다른 한편으로는 아빠가 가족들도 바라봐 주길 바랐다고 한다. 하지만 아이가 철이 들면서부터 아빠가 오로지 자원봉사 자체에만 빠져 있다는 사실을 알게 되었고 서서히 마음 문을 닫게 되었다는 것이다.

나는 상황의 절박성을 깨닫고 내가 가장 먼저 할 수 있는 일부터 시작했다. 우선 자원봉사 업무의 상당 부분을 다른 사람에게 이관한 뒤에, 큰아이를 설득해서 카메라와 스케치북을 갖고 산과 바다로 가족여행을 떠났다. 매주 나는 다른 사람들에게 하는 것 이상으로 큰아이와 가족을 위해 시간을 할애했다.

내가 공무원 일 외에 가장 자신 있게 할 수 있는 게 자원봉사라면, 이제 가족을 위한 자원봉사를 하며 남은 인생을 보내고 싶었다. 아이가 나를 포기하고 자기만의 벽을 쌓게 되면서, 나는 가족을 위해 나 자신을 내어주는 것을 첫 번째 목표로 삼았다. 지금까지는 가족을 희생시키면서 나만의 목표를 추구한 것이었다면, 이제는 가족의 동의를 얻어 모두 함께 뭔가를 만들어 가는 보다 의미 있는 목표를 추구하고 싶었다.

몇 개월이 지나도록 큰아이는 여전히 나에게 별 말이 없었다. 나도 억지로 말을 걸려고 하거나 아이에게 대답을 요구하지 않은 채 큰아이를 묵묵히 지켜보았다.

그러던 어느 날 큰아이는 나를 떠난 그날처럼 홀연히 나에게 돌아왔다. 그날따라 아내가 전화를 해서 내가 언제 퇴근하는지 두 번이나 물어보았다. 나는 집에 무슨 일이 있느냐고 물어보았지만 아내는 특별한 일 없으면 일찍 퇴근하는 줄 알겠다고 얘기하고 웃으며 전화를 끊었다.

지하철역에서 내려 집을 향해 터덜터덜 걸어갔다. 그런데 동네 놀이터 쪽에서 그림자 하나가 서성이는 게 눈에 띄었다. '누구지?' 하고 생각하는 순간, 나는 그 낯익은 그림자가 큰아이라는 사실을 알아챘다.

큰아이도 저만치에서 나를 확인한 것처럼 이쪽으로 급하게 발걸음을 옮겼다. 그것도 부족했던지 아이는 급기야 달리기 시작했고 멍하니 서 있던 내 품에 와락 안겼다.

"아빠, 제가 잘못했어요. 용서해주세요!"

딸아이는 내 품에 안겨 엉엉 울기 시작했다. 그 순간 아무 말도 필요 없었다. 나는 그동안 큰아이가 세상에 태어나 내 품에 안겼을 때 느꼈던 그 가슴 벅찬 기쁨을 잊고 살아왔었다. 하지만 15년이 지난 지금 나는 그 기쁨을 되찾은 것이다.

"수희야, 너는 잘못한 게 없단다. 다 아빠 잘못이야. 아빠가 우리 가족의 마음을 조금만 더 헤아렸다면 이런 일은 없었을 테니까. 아빠는 이제부터 다시 아빠가 되는 연습을 해보려고 해. 지금까지 아빠는 가족을 위해 많은 것을 하고 있다고 생각했었는데, 사실은 그게 아니었어. 오히려 아빠가 가족들에게 많은 것을 받고 있었던 거야. 그 사실을 수희가 깨우쳐 줬어. 이제 수희가 아빠를 진심으로 이해해 주니 아빠는 더 이상 바랄 게 없단다."

"고마워요, 아빠! 우리 이제부터는 한 달에 2번 정도는 다시 자원봉사를 하기로 해요."

우리 부녀는 서로의 잘못에 대해 용서를 구했다. 그날 나와 딸아이의 대화를 통해 우리 가정은 이전과는 다른 새로운 모습으로 다시 태어났다.

사람들은 자기가 하는 일이 옳다고 생각하면 누구에게나 그에 합당한 대우를 받아야 한다고 생각한다. 하지만 그런 일에 있어서도 다른 사람이 개입될 때는 그의 의사가 반영되어야 한다. 내가 옳기 때문에 상대방은 무조건 나를 인정하고 받아들여야 한다는 것은 맹목적인 아집과 독선에 지나지 않는다. 또한 그런 나의 입장이 상대방을 소외시킨다면 관계는 더욱더 악화되고 만다. 자신이 하는 일이 옳다고 생각하더라도 그것에 너무 맹목적으로 빠져들지 말고, 꼭 한 번은 심호흡을 하고 상대방의 입장에서 생각하고 이해하려고 노력해야 한다.

가족들이 서로 맺어져 하나가 되어 있다는 것이 정말 이 세상에서의 유일한 행복이다. –퀴리부인

아이는 부모가 믿어 주는 만큼 자란다

아빠가 아들에게

교단에서 수많은 아이들을 가르쳐왔지만 정작 우리 집 아이는 제대로 건사하지 못했던 것 같다. 내 나이 마흔셋이 되어 얻은 아들이었기에 세상 무엇과도 바꿀 수 없을 만큼 귀하게 생각하고 키웠지만, 정작 아이가 어떤 생각을 하는지에 대해서는 거의 관심을 기울이지 못했다. 그냥 내가 자랄 때 하지 못했던 공부나 마음껏 시켜주면 그걸로 충분할 줄 알았다.

내 형제는 모두 8남매였는데 나는 그중에서 일곱 번째였다. 농사를 지으시며 생계를 이어가시던 부모님은 자녀들의 교육에는 거의 신경을 쓰지 못하셨다. 세 명의 누나는 고등학교를 겨우 마치고 모두 시집을 가야 했고, 두 명의 형들은 상고나 전문대를 나와 곧바로 직업 전선에 투입되었다. 나는 그나마 공부를 잘해서 지역 유지가 주는 장학금을 받으며 공부를 계속할 수 있었고 대학에 진학할 때도 명문대를 포기하고 4년 전액 장학금을 받을 수 있는 사범대를 택했다. 하나 있는 동생은 거의 내가 공부시킨 거나 진배없었다.

이렇게 생활고와 공부에 원수가 질 정도로 어려운 질곡을 겪으면서, 나는 내 아이만큼은 최고의 교육을 시켜주겠다고 다짐하고 또 다짐했었다. 결혼자금을 마련하느라 비교적 늦게 장가를 가서 5년 만에 아들을 얻었을 때, 정말 세상을 다 얻은 것처럼 기뻤다. 이제 이 아이에게 내가 못했던 공부를 다 시켜줄 수 있다는 생각에 가슴 깊은 곳에 차올라 있던 눈물이 솟아나온 적이 한두 번이 아니었다.

그렇게 우리 아이, 준혁이는 부모의 기대와 사랑을 한 몸에 받고 자라났다. 유치원도 아내가 좋다는 곳들을 여러 군데 수배해 놓은 뒤에, 순번을 기다리고 기다렸다가 억지로 집어넣었다. 그리고 아이의 지능개발에 좋다는 교구나 완구를 비롯해서 온갖 전문 프로그램들에 두루 참여하게 했다. 이때까지는 그래도 괜찮았다. 아마도 아이의 자아가 아직 완전히 자리잡지 않았기에 그 모든 일정을 다 참아낼 수 있었을 것이다.

하지만 초등학교에 진학하면서 준혁이는 이런 빡빡한 일정에 힘겨워하기 시작했다. 국영수는 기본이고 한창 붐이 일던 중국어와 바이올린 교습까지 시켰더니, 아이는 모든 일에 진저리를 치기 시작했다. 그래도 이때까지는 아이를 통제할 수 있었기에, 아내는 거부하는 아이의 손을 붙잡고 강의실에 억지로 밀어넣었다.

그러다가 준혁이가 중학생이 되면서 상황은 급반전했다. 아이는 학원에 간다고 속이고 친구들과 PC방에 다니며 학원비를 모두 탕진했다. 나중에 그 사실을 알고 야단쳤더니 돌아오는 것은 아이의 반항뿐이었다.

"너 왜 아빠를 속였어! 아빠가 가장 싫어하는 게 거짓말하는 거란 거, 알아 몰라?"

"저는 더 이상 학원에 가기 싫어요. 이제 학원이라면 지긋지긋하단 말이에요!"

"이 자식, 이거 정신 나간 거 아냐? 지금 공부하고 싶어도 못하는 애들이 얼마나 많은지 알기나 해?"

"걔들은 걔들이고 저는 저예요. 저는 공부하기 싫단 말이에요. 저한테 강요하지 마세요!"

이렇게 한바탕 말다툼을 한 뒤부터 준혁이와 나는 더욱 멀어졌다. 아이는 나와 마주치길 힘들어하고 무서워했다. 이때 아이와 진지하게 대화를 나누고 아이가 뭘 원하는지 가슴을 열고 물어봤어야 했는데 나는 내 생각만 하고 아이에게 다가가지 못했다. 그리고 아이가 고등학생이 되면서 우리 가족은 십여 년간 누적되어 온 갈등의 결과와 마주치게 되었다.

당시 고등학교 1학년이던 준혁이가 반 친구들 3명이랑 가출해 버린 것이다. 우리 집은 서울이었는데, 아이는 엄마의 곗돈 10만 원을 훔쳐 친구들과 함께 아무런 목적도 없이 전주까지 내려간 것이다. 일주일이 지나 돈이 다 떨어졌을 때 함께 가출한 아이의 친구가 자기 집으로 전화를 한 통에 겨우 소재를 알아 데려오긴 했지만, 우리 부부는 그야말로 큰 충격을 받았다.

그 뒤부터 준혁이는 나를 제대로 쳐다보려고도 하지 않았고 대화하는 일도 없었다. 그냥 같이 밥을 먹고 아이는 자기 방으로 들어가 다음날 아침이 될 때까지 얼굴을 내밀지 않았다. 이미 성적은 떨어질 대로 떨어진 상태였기 때문에, 대학에 들어가기란 상당히 힘든 상태였다. 그리고 그 우려는 현실이 되어 아이는 결국 대학에 떨어졌다.

공부에 신경을 쓰지도 않았고 엄마의 바람을 따라 원서를 넣기는 했지만, 막상 대학에 떨어지자 준혁이도 조금은 충격을 받은 것 같았다. 무엇보다 자신만을 바라보는 엄마에게 걱정을 끼쳤다는 생각에 의기소침해 있는 것 같았다. 그래도 나는 아빠로서 준혁이에게 다가갈 자신이 없었다. 어쩌면 내 자존심이 허락을 하지 않았다는 게 맞을 것이다. 아빠를 보고도 형식적으로 인사할 뿐 일언반구 존경의 모습을 보이지 않는 아이가 괘씸했던 것이다.

그래도 아빠로서의 책임은 다해야겠기에, 나는 아내에게 준혁이를 미술학원에 보내 미대에 진학하게 하면 어떻겠냐고 물어보았다. 아내는 준혁이가 외우거나 문제 푸는 머리가 없는 대신 감수성이 풍부하니까 미술을 시키는 것도 좋겠다고 동의했다. 준혁이도 별다른 이의를 제기하지 않고 미술학원에 다니기 시작했다.

하지만 생각지도 않았던 변수가 생겼다. 준혁이가 미술학원에 다니던 아이들과 어울리면서 힙합 스타일의 옷에다 머리까지 요란하게 염색하고 다니면서 그림에 신경을 쓰지 않았기 때문이다. 더 이상 안 되겠다는 생각에 밤늦게 돌아온 아이의 문을 박차고 들어가 대화를 시도했다.

"준혁아, 너 오늘은 아빠한테 시간 좀 내줘야겠다."

"……무슨 말씀을 하시려고요? 저는 아빠하고는 별로 할 말이 없는데요."

"이 녀석아, 다른 건 다 좋아. 공부 안 해도 돼. 하지만 요즘 꼴이 그게 뭐냐? 네가 날라리야, 딴따라야! 나는 내 집구석에 이렇게 하고 다니는 녀석이 있다는 건 정말 참을 수 없다."

"아빠는 뭐 저한테 좋은 아빠인 줄 아세요? 제가 무슨 고민을 하는지, 아빠에 대해 어떻게 생각하는지 알기나 하세요? 한 번이라도 제 생각을 먼저 들어보려고 해보신 적 있어요? 왜 스무 살이 된 아들의 인생을 아빠 맘대로 결정하려는 건가요? 낳아 주신 건 고맙지만 이젠 더 이상 간섭받기 싫어요. 저 하고 싶은 대로 하면서 살 거라고요!"

준혁이는 이 말을 남기고 집을 나갔다. 그 다음날 새벽에 들어오기는 했지만 아이도 나도 더욱더 말을 잃었다. 아이를 가르치는 교사로서 지식 하나 제대로 키우지 못했다는 자책감이 나를 더욱 힘들게 했다. 하지만 정작 아이 말이 옳았다. 나는 아이의 입장에서 아이에게 뭔가를 물어본 적이 거의 없었기 때문이다.

하지만 아내의 말을 들어보니 준혁이는 미술학원만큼은 빠지지 않고 다닌다고 했다. 그 얘기를 듣고 그나마 안심이 되었다. 미술이 아이가 평생 걸어갈 길이 될 수도 있었기 때문이었다. 그러던 어느 날 나는 우연히 아이가 빠뜨리고 간 스케치북을 보게 되었다.

그런데 거기에는 준혁이와 내가 어릴 때 공원에서 즐거운 시간을 함께했던 모습이 담겨 있었다. 순간 충격을 받았다. 아이는 나와의 행복한 시간을 기억하고 있었던 것이다. 그것은 다른 말로 앞으로도 그런 시간을 기대하고 있다는 말이었다. 떨리는 손으로 스케치북을 한 장 넘겼다. 그랬더니 이번에는 나와 아내의 얼굴이 그려져 있었다. 아이는 그렇게 자신의 그리움을 그림으로 표현하고 있었던 것이다.

그날 저녁 나는 저녁 늦게 돌아온 준혁이의 손을 잡고 아이처럼 엉엉 울었다. 처음에는 영문을 몰라 하던 아이는 내 말을 들으면서 나를 조심스럽게 안아주었다. 그리고 시간이 가는 줄도 모르고 함께 울었다.

그날 이후로 나는 준혁이에게 그림을 배우고 있다. 준혁이는 나와 함께 시간을 보내면서도 예전처럼 어려워하지도 않았으며, 그것은 나도 마찬가지였다. 준혁이가 대입시험을 치를 때는 우리 가족 모두 가서 응원했고, 그 결과 아이는 지방에 위치한 미대에 진학하게 되었다. 아이는 주말마다 집으로 올라오는데 우리는 그때까지 참지 못하고 매일 전화로 소식을 묻고 있다.

정작 아이의 입장에서 생각하고 아이를 이해하려고 했다면 아마 내가 겪은 것처럼 고통스러운 시간은 보내지 않아도 되었을 것이다. 하지만 이런 나를 받아주고 다시 아빠와 아들로 만나준 아이가 너무 고맙고 기쁠 따름이다. 내가 비록 준혁이를 낳아 주었지만, 아이를 하나의 인격체로 인정하고 받아들일 때 진정한 아빠로 거듭날 수 있다는 사실을 다시금 깨달았다.

부모들은 자식에 대한 사랑을 아이들의 외적 조건을 충족시키는 것이라고 생각할 때가 많다. 그러나 그 외적 조건도 사실 따지고 보면 부모의 욕심일 경우가 많다. 이런 경우 아이들의 독립적인 생각과 감정은 대부분 무시된다. 목적이 올바르다고 해서 아이들에게 그것을 무조건 주입하거나 강요해도 된다는 생각은 매우 위험하다. 아이를 위해 뭔가를 할 때는 반드시 아이의 입장과 눈높이에서 생각해야 하며 그들의 생각과 감정까지 고려해야 한다.

문제를 해결하는 첫걸음은 그것을 누군가에게 털어놓는 것이다. -존 피터 플린

우리 아이는 애정결핍증에 걸린 걸까?

엄마가 아들에게

첫째 아이 승민이가 생각지도 않던 과민반응을 보이기 시작한 것은 여동생이 세 살이 되던 해부터였다. 승민이와 여동생 승현이는 네 살 터울이니, 승민이가 일곱 살이 되었을 때부터 여동생을 못살게 굴기 시작한 것이다.

삼십대 초반에 초산을 한 데다 아들을 낳으며 거의 하루 동안 산고를 치르면서 죽을 고생을 했기 때문에, 승민이로 만족하자고 남편에게 단단히 다짐까지 받아 둔 터였다. 하지만 1년이 지나고 2년이 지나면서 초롱초롱 눈망울을 굴리는 여자아이들을 볼 때마다 딸을 낳고 싶다는 마음이 조금씩 커지기 시작했다. 그러다가 3년째가 되어 내가 남편에게 먼저 딸아이를 갖자고 제안했고, 그렇게 태어난 아이가 승현이였다.

마음대로 안 되는 게 아이 성별이라지만 하늘의 허락하심이 있었던지 딸아이를 얻게 된 것이다. 그동안 승민이가 부쩍 자란 터라 새로 아기가 태어났을 때 우리 부부는 마치 첫아이를 얻은 신혼부부처럼 마냥 들떠 있었다. 그래서 모든 스케줄과 가족생활을 승현이에게 맞추었고 대신 승민이는 주로 시어머님께 맡겼다.

뒤늦게 얻은 딸아이에 대한 우리 부부의 애정은 각별해서 아기옷부터 장난감, 그리고 이유식까지 좋은 브랜드 제품으로만 사들였다. 그러다 보니 상대적으로 승민에게는 신경을 많이 못 쓰게 되었다. 당시를 떠올려 보면, 승현이의 일거수일투족은 우리 부부의 촉각을 곤두세우게 했지만, 승민이에게는 동생을 잘 돌봐주라고 하거나 아니면 말 안 듣는다고 혼낸 적밖에 없었던 것 같다.

그러다가 승민이가 일곱 살이 되던 해에, 우리는 깜짝 놀랄 만한 일을 목격했다. 마침 부부 모임이 있어서 시어머님께 아이들을 맡기고 외출했다가, 조금 일찍 돌아왔는데 남편과 나는 눈앞에 벌어지고 있는 광경을 보며 우리 눈을 의심하지 않을 수 없었다. 승민이가 승현이를 거의 집어던지는 듯한 행동을 하며 심하게 괴롭히고 있는 모습을 보게 된 것이다. 승현이는 오빠에게 잡히지 않으려고 아장아장 걸어서 도망치려 했지만, 결국 잡혀서 내동댕이쳐졌다. 마침 열쇠로 열고 들어왔기에 망정이지 자칫 벨이라도 눌렀으면 그런 광경을 확인하지 못했을 것이다.

우리 부부는 하얗게 질려서 얼어 있다가 겨우 정신을 수습하고는, 남편은 승민이에게로 달려가고 나는 울고 있는 승현이에게로 가서 달래 주었다. 남편은 그렇지 않아도 계속 말대답을 하며 버릇없이 굴던 승민이에게 골이 나 있던 터라, 기회를 만났다면서 아이를 붙잡고 사정없이 엉덩이를 때려 댔다. 그러면서 아이에게 잘못했다고 얘기하라고 소리쳤다.

"이 녀석, 너 오늘 혼 좀 나 봐라. 여동생이 네 장난감이야? 그렇게 내던지면 너는 어떨 것 같아. 너도 그렇게 한번 세게 맞아 볼래?"

"아빠, 이거 놔요! 이거 놓으란 말이에요! 난 잘못한 거 없어요, 놔 주세요! 아빠, 싫어요! 엄마도 미워요!"

"그래도 잘못했다는 소리를 하지 않겠다고? 좋아, 누가 이기나 한번 해보자. 네 입에서 잘못했다는 소리가 나올 때까지 아빠는 엉덩이를 때릴 테니까!"

"아빠, 싫어! 미워! 저리 가 버려! 가, 가란 말이야!"

승민이는 닭똥 같은 눈물을 쏟아내면서 이렇게 아빠에게 대들었다. 그리고 결코 잘못했다는 말을 하지 않았다. 하지만 아이가 어찌 어른을 이길 수 있으랴. 아이는 20분 정도 아빠와 씨름하더니 결국 분이 풀리지 않는 얼굴로 "잘…못…했…어…요." 하고 말했다. 그때서야 아빠는 승민이를 풀어 주었고 승민이는 자기 방으로 달려 들어가 문을 잠궈 버렸다.

그 뒤로 승민이는 계속 엄마, 아빠에게 반항했다. 겉으로 드러내놓고 대드는 경우는 거의 없었지만 우리가 집에 없을 때는 승현이를 주먹으로 때리거나 장난감을 던져 상처를 내는 일도 있었다. 이런 교묘하고 집요한 괴롭힘을 눈치 챈 아빠는 승민이에게 하루 꼬박 밥을 굶기고 뭘 잘못했는지 반성하라고 시켰다. 하지만 아이는 절대 굴복하지 않았다.

승민이가 쓴 글씨나 그림을 보면, 온통 아빠와 승현이에 대해 증오하는 듯한 내용들로 가득 차 있었다.

'승현이가 없어졌으면 좋겠다. 아빠도 같이. 나는 승현이가 싫고 아빠는 나를 싫어한다. 우리는 같이 살 수 없을 것 같다. 나 혼자 살고 싶다. 나 혼자.'

그림 속의 아빠는 언제나 화난 표정이었고 붉은 색으로 그려져 있었다. 그리고 동생 승현이를 그린 그림에는 엑스 표가 진하게 그려져 있었다.

승민이가 초등학교에 들어가면서, 아이의 폭력적인 행위는 승현이에게 그치지 않았다. 아빠와의 직접적인 대결을 피하는 대신 승민이는 자기 방에 있는 물건들을 집어던지기 시작했다. 언젠가 분노가 폭발할 때는 자기 방의 창문을 깨뜨리고 컴퓨터 모니터를 박살낸 적도 있었다. 승현이에게도 예전보다 더 심한 폭력을 행사했다. 오빠 대접을 하지 않는다고 얼굴을 주먹으로 때린 적도 있었고 발로 차 다리에 시퍼렇게 멍이 든 적도 있었다.

이런 아이의 폭력을 더 이상 방치할 수 없다는 생각이 들어, 우리 부부는 승민이와 함께 심리상담을 받아 보기로 했다. 심리치료사는 승민이와 우리 부부를 차례로 상담한 뒤에 이런 얘기를 들려주었다.

"승민이 동생도 데려오셨나요?"

"아, 참 그 말씀은 못 드렸네요. 승민이 네 살 아래에 승현이라는 여동생이 있어요. 승민이 상담만 받으면 될 줄 알고 승민이만 데려왔거든요."

"혹시나 해서 여쭤보는 건데요. 부모님께서 승현이를 편애하시는 건 아닌지요?"

순간 가슴이 덜컥 내려앉았다. '편애'라는 단어는, 지금까지 애들을 키우면서 한 번도 생각해본 적이 없는 단어였다. 그런데 그 말을 듣는 순간 '아차' 하는 생각이 들었다. 그것은 내가 실제로 그랬다는 말이나 마찬가지였다.

"뭐, 딱히 편애라고까지 할 건 없었어요. 그냥 딸아이를 갖고 싶었는데 승현이를 낳게 되었고, 그래서 그때부터 승민이보다는 승현이에게 상대적으로 더 많은 사랑을 쏟기는 했죠. 하지만 오빠가 동생을 보살펴주고 양보하는 건 당연하다고 생각했죠. 승민이한테도 그렇게 얘기했고요."

"부모의 애정을 받고 싶어 하는 것은 큰 아이나 작은 아이나 마찬가지랍니다. 특히 예민한 아이들 중에는 동생에게 부모를 빼앗겼다고 생각하는 아이들도 있어요. 승민이가 바로 그런 경우죠. 아마 그동안 승민이가 엄마와 아빠에게 몇 번 신호를 줬을 거예요. '저를 좀 봐 주세요, 저 여기 있어요.' 하고 말이죠. 하지만 아무리 그래도 관심을 끌지 못하자, 엄마와 아빠가 가장 관심을 갖고 있는 대상을 공격하기 시작한 것 같습니다. 그러면 그 아이가 받고 있는 사랑과 관심을 자기가 받게 될 거라고 생각하고 말이죠."

"설마 우리 승민이가……."

"아이들은 거짓말을 못합니다. 특히 부모의 애정에 대해서는 상당히 민감하죠. 오빠이기 때문에, 누나이기 때문에 무조건 양보하라고 하는 것은 아이에게 죽음과 같은 공포를 줄 수도 있어요. 부모에게서 떨어지는 것이나 사랑을 받지 못하게 되는 것만큼 두려운 건 없으니까요. 지금 부모님의 말씀을 종합해 보면, 승민이는 그런 경험을 이미 유년기부터 했을 가능성이 큽니다. 승민이가 부모님의 관심을 끌려고 한 행동 때문에 상당히 심하게 혼났을 거예요. 그렇게 부모님에게 계속 어긋나고 혼나는 게 반복되면서, 어느 순간 사랑받는 것을 포기했을 거예요. 또 포기하면서, 지금처럼 누구도 막기 힘든 폭력성으로 이어진 것 같습니다."

"그렇다면 저희들이 정말 큰 잘못을 저지른 거군요."

"거기에 대해서는 정말 아무도 죄를 물을 수가 없을 거예요. 우리는 다 인간이고 약하잖아요. 자신에게 끌리는 대상에게 관심을 갖게 되는 게 바로 인간이니까요. 아이들에 대해서도 마찬가지고요. 하지만 놓쳐서는 안 되는 게 하나 있어요. 그 아이들은 모두 부모의 사랑을 골고루 나눠 받을 자격과 권리가 있다는 거죠. 부모들은 유교적인 관념에 젖어 자식을 세상에 태어나게 해줬다고 해서, 아이의 삶 일부를 저당 잡을 정도로 큰 권리를 행사하려고 하는 경우가 많아요. 무조건 아빠와 엄마 말을 들어야 한다거나 항복을 강요하는 거죠. 하지만 부모님과 마찬가지로 아이들도 인격을 갖춘 인간이며 당연히 사랑받아야 합니다. 그중에서도 다른 누구도 대신할 수 없는 부모님의 사랑은 꼭 필요한 것이겠죠."

상담을 받으며 우리 부부는 그동안 승민이에게 얼마나 무관심했었는지 뼈저리게 깨달았다. 우리는 딸아이에 대한 감상적인 사랑에 도취해 동일한 사랑을 먹고 자라야 할 승민이에게는 제대로 된 사랑과 관심을 주지 못한 것이다.

그날부터 우리 부부는 승민이에게 편지를 쓰기 시작했다. 우선은 그동안 승민이에게 무관심했던 것에 대한 용서를 비는 이야기부터 써 내려갔다. 승민이 문제를 놓고 승현이와도 말해 보았다. 승현이도 양면적인 아픔과 고통을 갖고 있었다. 하나밖에 없는 오빠 승민이에게 맞는 고통과 함께, 가족의 울타리에서 한 핏줄로 만난 오빠와 남남처럼 지내는 것에 대해 깊은 마음의 골을 간직하고 있었다.

지금, 우리 부부는 승민이와 승현이 모두에게 하루에 한 통씩 편지를 쓰고 있다. 비록 아직 큰 성과는 없지만 두 아이의 표정이 조금씩 밝아지는 것을 볼 때 감사한 마음뿐이다. 잘은 모르지만 승현이도 오빠 승민이에게 편지를 보내는 눈치다. 이렇게 우리 가족은 한 장씩 편지를 써 내려가면서 우리 가족이 언젠가는 마음을 터놓고 얘기할 수 있는 그날을 꿈꾼다. 그날이 올 때까지 우리는 편지를 쓰고 또 쓸 것이다.

편애는 한쪽에 무관심해서가 아니라 한쪽에 지나친 관심을 갖는 것이다. 사랑은 무조건적으로 주는 것이지 여러 가지를 놓고 비교하고 고려해서 적당히 갈라 주는 게 아니다. 한 아이든, 세 아이들이든 그들은 모두 소중한 자녀들이다. 부모들은 자신의 아이들을 각각 대할 때마다 자신들이 가진 무조건적인 사랑을 다 안겨 줘야 한다. '우리 아이는 셋이니 내 사랑을 세 등분해서 나눠 주면 되겠지.' 하는 생각이 터무니없다는 사실은 우리 모두가 잘 알고 있다.

미움은 적극적인 불만이며 질투는 소극적인 불만이다. 그러므로 질투가 삽시간에 증오로 변하더라도 이상할 것은 없다.

–괴테

딸아이에게 우울증의 씨앗을 뿌린 것은 바로 나

엄마가 딸에게

지난 1년간을 생각하면 지금도 눈앞이 아찔하고 등줄기에서 식은땀이 흐른다. 다섯 살이 되면서 유치원에 들어간 딸아이가 제대로 적응하지 못했기 때문이다. 처음에는 딸아이가 또래 친구들과 잘 어울리지 못하고 말도 하지 않고 혼자 있는 시간이 많다는 담임선생님의 이야기를 대수롭지 않게 여겼다. 으레 유치원에 적응하는 진통쯤으로 생각했던 것이다. '그동안 집에서 가족들끼리만 지내다가 생전처음 유치원이란 교육기관에 들어갔는데 얼마나 낯설겠는가! 어른도 새로운 환경에 적응하는 데 시간이 필요한데, 이제 겨우 다섯 살짜리가 오죽하겠는가! 조카들도 그랬듯이 시간이 지나면 곧 적응할 테니 걱정하지 말고 그때까지 느긋하게 기다리자.'

하지만 내 예상은 보기 좋게 빗나갔다. 일주일이 가고 한 달이 지났는데도 딸아이는 조금도 나아질 기미가 보이지 않았다. 오히려 시간이 갈수록 심해지는 듯했다.

"수경아, 왜 혼자 있니? 친구들은 소꿉놀이 하는데 너는 같이 안 하니?"

"………"

"재미가 없어서 그러니? 그럼, 선생님이랑 다른 놀이 할까?

"………"

"수경아, 혹시 어디 아프니?"

"아니오."

딸아이는 항상 친구들이 노는 곳에서 멀찍이 떨어져 혼자 구석에 앉아 있곤 했다. 선생님이 그 이유를 물어도 꿀 먹은 벙어리처럼 아무 대답도 하지 않았다. 몇 번을 재차 물으면 그때서야 겨우 '네', '아니오', '괜찮아요'라는 단답형 대답을 할 뿐이었다. 이런 모습은 수업시간에도 달라지지 않았다. 딸아이는 얌전히 앉아 있기는 하지만 선생님 말씀에 집중하기보다는 뭔가 딴생각을 하는 것 같았다. 그래서 항상 다른 친구들보다 이해가 늦어 수업내용을 따라가지 못했다.

"수경아, 왜 먹지 않니? 맛이 없니?"

"………"

"고구마 먹기 싫어?"

"………"

"그럼, 떡볶이 줄까?"

"아니오."

"아까 점심도 안 먹었는데 배고파서 어떡하려고 그러니?"

"괜찮아요."

결정적으로 식사시간이나 간식시간에 다른 친구들은 서로 경쟁이 붙어 집에서보다 더 잘 먹는다는데, 딸아이는 왜 그런지 도통 먹지를 않았다. 물론 입이 짧아 집에서도 깨작깨작 거리는 경우가 많았지만 이 정도는 아니었다. 자기가 좋아하는 떡볶이나 면 종류나 고기류는 그런대로 잘 먹었기 때문에, 유치원에서의 모습은 도대체 이해가 되지 않았다.

"수경이 엄마, 아무래도 수경이가 우울증에 빠진 것 같아요. 어떤 이유 때문인지 전문가를 찾아가서 상담을 받아 보는 게 좋을 것 같아요."

원장선생님의 말씀이 내게는 말기 암 환자의 사형선고 같았다. 설마 하던 일이 현실로 다가온 것이었다. 다음날 더 이상 물러날 곳이 없어진 나는 아이의 손목을 잡아끌고 원장님이 소개시켜준 놀이치료실에 들어섰다. 치료사의 상담을 받고 몇 가지 검사를 거치면서 딸아이의 상태가 서서히 드러났다. 그런데 딸아이가 우울증에 빠진 근본적인 원인은 나에게서 비롯된 것 같았다.

아이가 상담을 받으면서 치료사는 나의 감정 상태와 심리 검사도 진행해 보자고 권했다. 나는 특별히 거리낄 게 없다고 생각했기 때문에 여러 검사에 응했고, 면접과 상담을 마친 뒤에 그 결과를 전해 들었다.

치료사는 내가 엄마로서 아이를 너무 다그치지는 않는지 물어보았다. 뭐든지 잘해야 하고 하나라도 틀리면 안 되고 원하는 시간까지 다 끝마쳐야 하고 시키면 곧바로 하도록 아이에게 윽박지르지 않느냐는 것이었다. 순간적으로 당혹감이 밀려왔다. 치료사가 지적한 내용은 하나도 빠지지 않고 전부 나에게 해당되는 것이었다.

치료사와 상담을 하면서 내 머리 속으로 스며드는 생각이 있었다. 그것은 내가 수경이게 한 모든 순간의 요구들을 누군가 나에게 했다면 나 또한 숨이 막혔을 것 같다는 생각이었다.

치료사는 나의 부모님 중에 혹시 내가 딸아이에게 한 것처럼 완벽한 것을 요구하거나 매사에 명령조로 대한 분이 계시지 않았는지 물어보았다. 그러고 보면 나는 결혼한 뒤에 엄마와 떨어져 살면서 예전의 아픈 기억들을 모두 씻어 낸 줄로만 생각했다. 하지만 역시 그러질 못했나 보다.

내가 일곱 살 때 홀로 되신 엄마는 오직 나만을 위해 재혼도 포기하고 억척스럽게 돈을 벌었다. 보험설계사로 일하면서 늦게 들어오는 날이 많았지만, 엄마는 출근하기 전에 내 숙제를 내주었고 아무리 늦게 퇴근했다 하더라도 꼭 숙제를 검사하고 잤다. 아빠 없는 자식이라는 소리를 듣게 하지 않겠다고 피아노와 수영은 물론이고 영어 학습지까지 시키면서 나를 모범생으로 키우려고 엄마는 무던히도 애쓰셨다. 그런 엄마가 소름끼치도록 싫어서 중학교와 고등학교 때 한 번씩 가출도 해보았지만 나는 결국 집으로 돌아올 수밖에 없었고, 그 뒤에는 엄마의 더 가혹하고 집요한 추궁이 뒤따랐다.

지금은 엄마도 많이 늙으셨고 나도 결혼하면서 명절 때나 찾아뵙기 때문에 충돌할 일이 거의 없지만, 엄마가 나에게 드리운 그늘이 딸아이에게까지 자리할 줄은 정말 몰랐다. 치료사와 이런저런 이야기를 하면서 내 무의식에 남아 있던 어두운 그림자가 서서히 걷히는 것을 느낄 수 있었다. 무조건 '최고'나 '1등'을 강조하며 아이를 몰아세웠던 내가 너무도 안타깝게 느껴지기도 했다. 이 세상에는 뛰어난 사람들이 얼마나 많은가. 그 사람들을 모두 이기고 최고가 되는 것은 불가능할지도 모른다. 그렇다면 나는 지금까지 아이에게 나도 해낼 수 없는 불가능한 요구를 하고 있었던 셈이다.

이런 생각을 하게 되면서 나는 아이를 새로운 관점으로 바라보게 되었다. '우리 아이가 하고 싶어 하는 게 뭘까? 우리 아이가 정말 잘하고 즐거워하는 게 뭘까? 나는 오늘 하루 동안 아이의 장점을 몇 가지나 발견했고 그것을 얼마나 칭찬해 주었나? 우리 아이가 내 곁에 있는 것만으로도 나는 얼마나 행복한 엄마인가?'

비록 시작은 미약하지만 지금부터라도 이런 마음가짐으로 아이를 대하려고 한다. 무엇보다도 내가 행복해지기 위해 아이에게 요구하기보다는, 아이와 내가 함께 얘기하며 고민해 볼 생각이다. 그게 바로 내가 엄마로서 누릴 진정한 행복이라는 생각이 든다.

일반적으로 사람들은 문제의 원인을 생각하기보다 겉으로 드러난 현상만을 생각하는 경우가 많다. 그러나 문제에는 반드시 원인이 있다. 가족 관계에서 일어나는 자녀의 문제들을 보면 부모는 자녀의 문제 자체를 교정하려고 할 뿐 그 문제의 원인이 자신에게 있다는 사실을 모르는 경우가 많다. 자녀에 대한 부모의 편애, 자신을 만족시키기 위해 자녀를 억압하고 자신이 정한 스케줄 속에 자녀를 몰아넣는 것은 엄청난 부작용을 낳는다. 그러므로 자녀와 함께 보낸 하루를 일기나 메모 식으로 써 보라. 자신이 잊고 있었거나 놓치고 있었던 많은 것들이 떠오르고 정리될 것이다.

사람의 부모만큼 가장 자연스럽고 가장 적절한 교육자는 없다.

–허버트

자·녀·가·바·라·보·는·부·모

2부

어린시절 행복한 기억을 찾아 떠나는 여행

용서에는 조건이 없어야 한다. 용서할 만한 조건이 갖춰져서 용서할 수 있게 되었다면 그것은 엄밀하게 말해서 용서라 할 수 없다. 용서란 아직도 미완성으로 남아 있는 슬픔과 고통을 뒤로 하고 인간이 그럴 수밖에 없는 나약한 존재라는 것을 인정하고 받아들이는 것이다.

난 엄마처럼 살지는 않을 거야!

딸이 엄마에게

어릴 적 나의 꿈은 오직 살림만 하는 현모양처였다. 예쁜 앞치마를 두르고 얼큰한 된장찌개와 조물조물 무친 나물과 지글지글 생선구이 등을 요리해서 온 가족이 한상에 둘러앉아 맛있게 먹고, 비 오는 날은 우산을 들고 학교로 아이들을 데리러가고, 준비물이나 숙제를 아이들과 함께 가방에 챙기고…….

그 이유는 내가 그렇게 자라지 못했기 때문이다. 작은 식당을 운영하는 엄마는 항상 바빴다. 오전 10시에 문을 열면 밤 9시가 넘어서야 문을 닫았고, 휴일은 한 달에 단 하루와 명절뿐이었다. 그래서 온 가족이 함께 모여 식사를 하는 것은 일년에 열 손가락을 넘지 못했고, 비 오는 날에 우산을 들고 오거나 준비물이나 숙제를 챙겨 주는 자상한 엄마의 모습은 아예 기대할 수 없었다.

그런데 초등학교 고학년 무렵부터 나는 자잘한 집안일과 온갖 심부름에 시달려야 했다. 오빠는 맏이고 남자라는 이유로, 여동생은 막내고 몸이 약하고 어리다는 이유로 나보다 언제나 자유로웠다.

“경아야, 오빠 공부하는데 배고프겠다. 라면 좀 끓여 주렴.”

“엄마가 세탁기 돌려놨는데 빨래 좀 널어라. 그리고 개어놓은 빨래는 제자리 찾아서 넣어 둬라.”

“아빠 출근하시는데 구두 좀 닦아라.”

“소금이 떨어졌네. 빨리 슈퍼에 가서 하나 사오렴.”

내가 중학생이 되고, 고등학생이 되고, 대학생이 되고, 직장인 되자 엄마의 부탁은 더더욱 많아졌다. 그리고 내가 성장할수록 집안일에서 식당 일까지 그 영역은 넓어져만 갔다. 학교를 다닐 때는 공부해야 하기 때문에 공휴일이나 주말이나 방학 때만 식당 일을 도왔지만, 직장을 다니면서부터는 휴가나 휴일은 물론이고 퇴근한 뒤에도 엄마 일을 도와야 했다.

“너무 바빠서 그러는데 저녁시간 끝날 때까지 딱 한 시간만 식당에 나와서 계산대에 앉아 있어라.”

“일하는 아줌마가 아파서 나오지 못했어. 방학이라 너무 다행이다. 오늘 하루만 식당에 나와서 엄마 일 좀 도와줘.”

“새벽에 수산시장에 가야 하는데, 아줌마가 집에 일이 있어서 못간대. 그러니까 엄마랑 함께 가자. 이것도 좋은 인생 공부야.”

“일요일이라고 이렇게 늦잠을 자면 어떡해. 휴일이면 밀린 집안

일도 하고 식당에 나와서 엄마 일 좀 도와주면 얼마나 좋아. 빨리 일어나서 식당으로 나와. 곧 점심때인데……."

그래도 오빠나 동생은 이런저런 핑계를 대며 친구들과 놀러 다니고 여행을 가고 자신만의 시간을 가질 수 있었다. 하지만 나는 중고등학교 시절에 친구 집에 놀러 가거나 친구들과 함께 영화를 본 적이 없다. 대학교 시절에도 그 흔한 미팅이나 MT를 다녀온 적도 없다. 직장인이 되어서도 황금 같은 연휴나 휴가를 반납하고 식당 일이나 그동안 하지 못했던 집안의 대소사를 처리해야 했다. 그리고 남편과 연애할 때조차도 마음 편하게 데이트했던 기억이 없다. 공원에서 가벼운 산책을 즐기거나 영화를 관람하려고 할 때에도 휴대폰이 울렸다. 다급하게 나를 찾는 엄마의 목소리는 항상 이랬다.

"경아야, 뭐 하니? 데이트하니? 미안한데, 딱 한 시간만 식당 일 좀 도와주렴. 그리고 다시 나가서 데이트하면 안 되겠니?"

"지금 어디니? 막내가 지금 맹장수술을 해야 한단다. 빨리 병원으로 와라."

엄마는 유독 나에게는 어떠한 변명이나 이유를 허락하지 않으셨다. 때로는 울며불며 떼를 쓰기도 하고, 아프다고 꾀병을 부리기도 하고, 반항도 했지만 소용없었다. 언제나 나는 엄마를 이길 수 없었다. 왜냐하면 엄마는 나보다 더 힘들고 너무 바쁘다는 사실을 잘 알고 있었기 때문에 엄마의 요구를 들어줄 수밖에…….

아빠는 정직하고 성실한 하급 공무원이셨지만 경제적인 능력은 없으셨다. 사람 좋은 아빠는 어려운 처지의 노인, 소년 가장, 사업에 실패한 친구 등을 보면 그냥 돌아서질 못하고 자신의 주머니를 모두 털었다. 그리고 퇴직한 상사나 부하의 부탁을 거절하지 못하고 보증을 서는 바람에 두 번이나 은행 빚을 떠안았다. 아빠가 많은 사람들에게 칭찬을 들을수록 엄마는 점점 더 바빠지셨다. 부족한 생활비를 벌고, 보증 때문에 떠안게 된 다른 사람의 은행 빚을 갚고, 자식들의 교육비를 대고, 혼수 비용을 대야 했기 때문이다.

그런 엄마의 생활을 잘 알기에 나는 짜증을 내며 반항을 하다가도 엄마를 도울 수밖에 없었던 것 같다. 하지만 마음속 깊은 곳에서는 커다란 응어리가 남아 있어 간혹 하기 싫은 일을 엄마가 하라고 했을 때나 엄마와 의견이 맞지 않아 충돌할 때는 나도 모르게 소리치곤 했다.

"아유, 귀찮아. 엄마는 왜 나한테만 시켜? 오빠도 있고 막내도 있는데, 꼭 나지? 혹시 나 어디서 데려온 거 아냐? 그러니까 이렇게 부려먹지."

"뭐라고? 누구보다도 엄마 사정을 잘 아는 네가 도와줘야지, 남이 도와주니? 딸이 엄마를 이해하지 않으면 누가 이해하냐? 큰딸은 살림 밑천이라는 말도 몰라? 엄마 어렸을 때에 비하면 넌 지금 호강하는 거야."

"지금이 엄마 어렸을 때하고 같아? 지금이 어떤 시대인데! 아마 이런 대접받고 사는 애는 나밖에 없을 거야. 나는 결혼하면 무슨 일이 있어도 집에서 살림만 할 거야. 자식들을 왕자나 공주처럼 대하며 자상하게 챙겨 주는 좋은 엄마가 될 거야. 정말이지 나는 절대로 엄마처럼 살지는 않을 거야."

"그래, 넌 엄마처럼 살지 마라. 절대로……."

딸은 엄마를 닮는다고 했던가. 현재 나는 전업주부가 아니다. 남편과 함께 맞벌이를 하며 두 살배기 아들 하나를 키우는 초등학교 선생님이다. 물론 예전 엄마의 고단한 생활과는 비교도 할 수 없을 정도로 여유롭고 편하다. 그렇지만 퇴근해서 저녁상을 차리고 밀린 집안일을 하고 아이와 놀아 주고 재운 뒤에 잠시 쉬려고 소파에 앉으면, 피로가 한꺼번에 몰려와서 기운이 하나도 없다. 그리고 저절로 젊은 시절의 엄마는 얼마나 힘들었을까 하는 생각이 든다. 일주일에 한두 번은 새벽시장으로 달려가 장을 보고, 밤늦은 시간까지 손님들에게 시달리며 식당에서 일하고, 중간에 짬짬이 밀린 집안일을 하고 아이들과 남편을 챙기던 엄마……. 밤 12시가 넘어서야 겨우 잠자리에 들었던 엄마의 고단한 삶의 모습이 주마등처럼 떠올라 코끝이 시큰해진다. 그때마다 나는 아직도 식당을 하시는 엄마에게 전화를 한다.

"엄마, 뭐해? 가게 문은 닫았어. 오늘도 많이 힘들었지?"

“이 정도도 안 힘들면 어디 밥 먹고 살 수 있겠니? 걱정 말아라. 김 서방은 퇴근했니? 그리고 수민이는 잘 크지? 참, 너 운동회 때 학생과 이어달리기하다가 넘어져서 발목 다쳤다면서 괜찮은 거니?”

수화기 너머로 나의 안부를 묻는 사랑하는 엄마의 목소리가 나지막하게 들려온다.

우리의 어렵고 힘겨운 현실을 바꾸는 것은 쉽지 않다. 하지만 그것을 바라보는 시각을 바꾸는 것은 현실을 바꾸는 것보다 쉽다. 우리가 고민하고 괴로워하는 이유는 우리에게 닥친 현실 때문이라기보다는 그 현실을 바라보고 해석하는 부정적인 생각의 지배를 받기 때문이다. 그럴 때마다 자신이 한 가지라도 갖고 있는 게 있다면 그것부터 감사하면서 긍정적으로 사고하기 시작하라. 아마 예전에는 내다보지 못한 마음의 창을 열 수 있을 것이다.

젖먹이를 안고 있는 어머니처럼 보기에 사랑스러운 것은 없고, 많은 아이들에게 둘러싸인 어머니처럼 사랑스러운 모습은 없으며, 많은 아이들에게 둘러싸인 어머니같이 경애한 마음을 느끼게 하는 것은 없다. –괴테

내 남은 선택권마저 빼앗으려 하지 마세요!

딸이 엄마에게

올해로 33년을 함께 살아온 우리 가족을 떠올려 보면, 나는 엄청난 중압감에 털썩 주저앉고 싶을 정도다. 나와 남동생, 이렇게 1남 1녀를 낳으신 부모님은 벌써 칠순을 바라보고 계신다. 양반 가문의 종손에 손이 귀한 집안으로 시집 온 어머니는 나를 낳고 시집의 온갖 구박과 멸시를 받으셨다고 한다. 사내아이를 낳는 게 어디 마음대로 되는 일인가? 하지만 조부모님과 집안 어른들은 마치 TV 연속극에나 나올 법한 말들을 어머니에게 수시로 쏟아내곤 하셨다. 어머니 또한 양반 가문에서 교육받고 자라나신지라 그런 집안 어른들의 푸대접과 핍박을 당연한 듯 받아들이셨다.

어머니는 집안의 대를 이어야 한다는 중압감 때문에, 나를 낳고도 제대로 된 산후조리 한번 받지 못하고 서둘러 집안일에 매달려야 했다. 그리고 주변사람들을 통해 사내아이를 낳는 비법이라는 비법은 모조리 섭렵하기 시작했다. 하지만 스트레스가 너무 컸기 때문이었던지, 어머니는 나를 낳고 5년이 지나도록 아이를 갖지 못했단다. 그 때문에 어머니는 아버지와 헤어질 생각까지 하셨다고 했다. 하지만 '뜻이 있는 곳에 길이 있다.'고 했던가. 이런 염원은 드디어 결실을 맺어 어머니는 아이를 갖게 되었고, 드디어 기다리던 사내아이를 낳게 되었다.

남동생에 대한 집안사람들의 대우는 나와는 차원이 달랐다. 그 아이는 하고 싶은 것을 모두 다 할 수 있었고, 그 덕분에 나는 상대적으로 항상 희생해야 했다. 나는 이런 집안사람들의 차별에 대한 시위로 죽을 힘을 다해 공부했고 그 결과 늘 상위권을 유지했다. 하지만 대입을 앞두고 계집애는 '고등학교만 졸업하면 된다.'는 어머니의 고집 때문에 나는 결국 대입시험을 포기할 수밖에 없었다.

다른 것은 별로 서운하지 않았는데, 아버지도 아니고 어머니가 대학에 가고 싶어 하는 내 의지를 꺾을 줄은 몰랐다. 숱한 차별을 받고 자라왔지만 대입을 포기하게 된 일만큼은 천추의 한으로 남았고, 나는 어머니를 원망하고 또 원망했다. 나는 그 길로 서울의 모 회사에 입사해 돈을 벌어야 했고, 그로부터 3년이 지나 전셋집을 마련할 수 있게 되면서 집에서 완전히 독립했다.

그런데 그 뒤 2년이 지난 시점부터 나와 엄마의 갈등은 깊어지기 시작했다. 남동생이 대학에 입학하게 되었는데, 그 아이의 등록금을 나한테 대라는 것이었다. 귀하게만 자란 남동생은 성적이 보잘것없었지만, 부모님은 온갖 정보를 다 구해오더니 지방의 어느 이름 없는 대학에 동생을 입학시켰다. 나는 부모님이 다 알아서 하실 거라고 생각했지만, 부모님 생각은 전혀 달랐다.

"야야, 너보다 다섯 살이나 어린 남동생은 우리 집안의 기둥이야. 너는 시집가면 그만이지만 이 녀석은 아버지를 이어 집안의 대를 이어야 하는 거 미정이 너도 알 거다."

연락도 없이 불쑥 찾아온 어머니는 다짜고짜로 이렇게 윽박질렀다. 나는 지기 싫었다. 아니, 내가 왜 그런 희생을 감수해야 하는지 도대체 이해할 수가 없었다.

"엄마, 도대체 나한테 해준 게 뭐가 있다고 돈을 내놓으라고 해? 아버지가 모아 두신 돈 있잖아. 그걸로 등록금 내면 되는데 왜 나한테까지 이래?"

"너는 누나가 되어서 그렇게 말하면 안 되지. 부모가 죽고 나면 너희 둘뿐인데 벌써부터 이러면 너희 아빠하고 나는 죽어서도 눈을 못 감는다."

이런 호통과 질책을 들으면서도 나는 눈 하나 깜짝하지 않고 어머니를 돌려보냈다. 하지만 사람의 일이란 아무도 예측하지 못한다는 말이 맞는 것 같다. 그로부터 불과 한 달 뒤에 아버지가 교통사고를 당하셔서 그동안 모아 놓았던 돈을 치료비로 날리고 말았으니 말이다. 집안의 불행에 가만히 있을 수도 없던 처지라 울며 겨자 먹기로 동생의 대학 등록금을 낼 수밖에 없었다.

누가 이런 나를 보면 분명 냉소적인 이기주의자라고 생각할 것이다. 하지만 누구나 자기가 겪은 아픔이 가장 크게 다가오듯이, 누구라도 내 입장이 되지 않고는 그렇게 말하지 못할 것이다.

어머니는 사고로 몸져누운 아버지를 불평 한마디 없이 간호했지만, 아버지는 결국 장애 판정을 받고 경제적 능력을 잃고 말았다. 부모님은 다행히 땅이 조금 있어서 다른 사람에게 빌려주고 세를 받아 생활은 할 수 있었지만, 아들의 학비와 생활비는 대기 어려우셨나 보다. 어머니는 그 뒤로도 나에게 계속 남동생의 학비를 요구하셨고, 매달 내 월급날에 맞춰 찾아오셔서는 용돈을 달라고 하셨다. 어머니가 특별히 용돈을 쓸 데가 없었기에 나는 그 돈이 고스란히 남동생에게 흘러 들어갈 것이라는 사실을 짐작할 수 있었다.

그렇게 시간이 흘러 나는 서른이 되었고, 남동생은 스물다섯이라는 비교적 이른 나이에 장가를 갔다. 삼대 독자였기 때문에 군대에 가지 않아도 되었기 때문이기도 했지만, 손이 귀한 집안이기에 부모님들이 서둘러 결혼시킨 것도 그 이유였다. 하지만 남동생 내외가 부모님을 모시고 살 것이라는 나의 기대와는 달리, 부모님은 남동생 내외와 함께 살지 않았다. 아들 내외는 처음부터 분가하고 싶어 했고, 부모님은 아들 내외가 결혼한 지 1년 만에 결국 분가시키기로 결정하신 것이다.

하지만 분가한 남동생은 부모님을 부양하기는커녕 용돈조차 제대로 챙겨 드리지 않았다. 임대한 땅에서 매달 들어오는 약간의 돈이 있기는 했지만, 최소한의 용돈조차 챙겨 드리지 않는 남동생을 보면서 마음속에 분노가 한없이 끓어올랐다. 남동생은 아직 자신이 기반을 잡지 못했기 때문이라고는 했지만, 지금까지 자기 누나가 부모님을 부양한 것에 대해 미안한 마음에서라도 나와 부모님 부양 문제를 상의했어야 했고 매달 얼마씩 용돈이라도 드렸어야 했다. 하지만 남동생은 부모 부양은 당연히 누나 몫이라고 생각하는 것 같았다.

그런데 얼마 전부터 아버지의 병세가 더 악화되면서 서울에 위치한 큰 병원에 입원하셨다. 그때부터 어머니와 함께 생활하는 시간이 늘어나게 되었는데, 나와 어머니 사이의 갈등이 표출되었다. 어머니가 서른을 훌쩍 넘긴 나에게 자신의 삶을 강요하려고 하기 때문이었다.

"미정아, 내가 진작 이 얘기하려고 했는데 너 사귀는 사람은 있냐? 여자는 시집가서 애 낳고 사는 게 제일이야. 나는 너희 둘 낳고 키우면서 지금까지 살아오면서 힘들었지만 후회는 없다. 이제 너 시집가는 거 보고 죽는 게 내 마지막 소원이야."

"그러면 내가 엄마하고 똑같이 살아야 돼? 엄마가 나한테 해준 게 뭐가 있는데? 나한테 엄마처럼 살라고 강요하지 마. 내가 시집가든 말든 그건 내 마음이야. 지금까지 민철이 학비 대고 엄마 생활비 대면서 그동안 시집가려고 모아 놓은 돈 다 썼어. 난 돈이 없어서 이제 시집도 못 가. 엄마가 책임질래?"

결국 해서는 안 될 말까지 하고 말았다. 어머니는 놀라서 말을 잇지 못했다. 한평생 내가 이렇게 반응하는 것은 처음 봤기 때문이다.

그때부터 어머니는 한 달 동안 나한테 들르지 않았다. 전화통화도 내가 먼저 안부를 묻기 위해 하는 게 전부였고, 어머니가 먼저 하는 일은 없었다.

어머니는 지금도 나 때문에 마음 고생이 심할 것이다. 딸자식이라고 키워 놨더니 악다구니만 늘었다고 생각할지도 모른다. 어쩌면 그것마저 자신의 업보라고 여기며 체념하고 있을지도 모르겠다. 하지만 내 생각은 다르다. 어머니의 인생은 힘들고 고달팠지만, 나는 그 처절한 인생을 물려받고 싶지 않다. 지금까지 내가 받은 상처가 너무도 크고 깊었기에 나는 어머니에게 내가 먼저 잘못했다고 고백하고 싶지도 않다.

남성 중심의 집안에서 커서 비슷한 집안으로 시집와 수십 년을 살아온 어머니이기에, 지금 어머니가 보이는 모습은 어쩌면 너무도 당연하다. 하지만 그렇다고 해서 내가 33년 살아오면서 당연한 것처럼 희생하고 가능했던 기회마저 빼앗기고 내 남은 선택권마저 가져가려는 어머니의 생각은 도무지 이해할 수도 없고 받아들일 수도 없다. 이 문제가 해결되어야만 어머니와 조금이라도 가까워질 수 있을 것 같은데, 지금으로서는 너무도 멀게만 느껴진다.

그러나 현재의 내가 있는 것은 바로 어머니의 사랑 때문이라는 것을 잘 알고 있기에, 오늘도 난 전화기를 들고 어머니에게 안부라도 전하기 위해 다이얼을 누른다.

용서에는 조건이 없어야 한다. 용서해야 할 상황을 만났다는 것은 용서해야 할 계기가 만들어졌다는 것과 같다. 용서할 만한 조건이 갖춰져서 용서할 수 있게 되었다면 그것은 엄밀하게 말해서 용서라 할 수 없다. 용서란 아직도 미완성으로 남아 있는 슬픔과 고통을 뒤로 하고 인간이 그럴 수밖에 없는 나약한 존재라는 것을 인정하고 받아들이는 것이다.

가족을 대할 때는 쾌활하라. 가족들이 화목하게 지낼 때는 특히 즐겁고 유쾌한 이야기를 하도록 힘쓰는 것이 필요하다. 아이들에게 함부로 꾸짖거나 비난하거나 잔소리를 퍼부어서는 안 된다. 날마다 가족들에게 투덜대는 것은 장래 아이들에게 신경질적인 성격을 육성하는 원인이 된다. –신들러

14년 만에 돌아온 엄마

아들이 엄마에게

엄마가 우리 곁을 떠나간 것은 지금부터 14년 전이다. 지금도 생생하게 떠오르는 것은 살며시 문을 열고 나가는 어머니의 뒷모습이다. 당시 열일곱 살이었던 나는 갓 고등학교에 입학한 상태였고, 동생은 불과 초등학교 6학년이었다. 어머니는 그렇게 훌쩍 떠나간 뒤에 14년이 지나서야 다시 돌아왔다. 열두 살짜리 배다른 누이와 함께…….

도시에서 큰 신발공장을 하던 아버지의 사업이 기울기 시작한 것은 내가 중학교에 입학하던 때였다. 그때까지만 해도 나는 아버지 덕분에 매달 새 신발을 신을 수 있었고 아이들은 이런 나를 무던히도 부러워했다. 좋은 옷과 도시락은 기본이었고, 좋은 환경에서 마음 편하게 공부할 수 있었기 때문에 성적도 제법 좋은 편이었으며 이 때문에 학급 간부도 도맡아 했다.

하지만 아버지의 사업이 기울자 우리는 여러 차례 이사를 해야 했고, 결국 회사가 최종 부도 처리되면서 아버지는 화병으로 돌아가시고 우리는 외갓집으로 가야 했다. 사모님 소리를 들으며 고생을 모르고 생활하던 엄마의 충격은 특히 컸다. 비록 시골에서 자랐다고는 하지만, 대부분의 생활을 도시에서 했던 엄마로서는 당시의 충격을 감당하기 힘들었을 것이다. 근 한 달 동안 매일 울면서 지내다가 결국 외할머니와 함께 밭으로 나갔다.

나도 수업이 끝나는 대로 곧장 밭으로 가서 일손을 도왔고, 아버지가 돌아가신 뒤에 비로소 생활이 조금 안정되어 가는 듯했다. 하지만 바로 그때 엄마는 나와 초등학교 6학년짜리 어린 아들들을 버리고 어디론가 떠나 버린 것이다. 차마 '도망쳤다.'는 말은 하고 싶지 않았다. 아니 내 자존심에 그런 단어를 쓰는 게 도저히 용납되지 않았다.

그렇게 훌쩍 떠난 엄마는 가끔씩 전화로 외할머니에게 우리 소식을 물어보곤 했다고 한다. 하지만 그게 다 무슨 소용인가. 모든 것을 버리고 떠난 사람이 이제 와서 무슨 미련이 남아 전화를 했단 말인가. 나는 그런 얘기를 들을수록 독을 품었고, 동생에게도 엄마 생각은 절대 하지 말라고 다짐을 받았다.

고등학교 3학년이 되어 대학 진학상담을 할 때, 나는 스스로 대입을 포기하고 취업을 선택했다. 성적도 괜찮아서 웬만한 대학에 장학금을 받으며 다닐 수도 있었지만, 동생 학업과 우리 생활비를 벌어야 했기 때문에 어쩔 수 없었다. 또 홀로 되신 외할머니에게만 의지할 수도 없는 상황이었다.

나는 고등학교를 졸업하자마자 카센터에 취업해서 이를 악물고 일했고 매달 적금까지 부었다. 4살 아래의 동생도 고등학교를 졸업하면서 나하고 같이 일하겠다고 떼를 썼다. 하지만 동생만큼은 계속 공부를 시키고 싶었기에 계속 만류했지만 동생의 고집을 꺾지 못하고 결국 허락하고 말았다.

그렇게 3년이라는 세월이 흘러 나와 동생은 자동차 정비기능사 자격증을 땄고, 열심히 노력한 끝에 카센터에서도 제법 인정을 받게 되었다. 그때까지도 나는 엄마에 대한 증오로 몸부림치고 있었다. 동생과는 이런 증오를 공유하고 싶지 않았기 때문에 내색하지는 않았지만, 내 마음속에는 '남편이 죽자 자식들마저 내팽개치고 떠난 못된 여자'에 대한 증오가 머리끝까지 차올라 있었다. 그러던 어느 날 외할머니가 우리 형제를 부르시더니 심각한 표정으로 말을 꺼내셨다.

"야들아, 너들 어무이가 다시 시집갔단다. 그동안 나도 몰랐었는데 7년 정도 되었다고 하더라. 처음에는 그냥 죽으려고 떠났다가 마침 좋은 사람을 만나서 정을 붙이고 살게 되었다 안 카나. 너들 애기는 입이 안 떨어져서 못했다 카더라. 언제라도 준비가 되면 너들을 데리러오겠다고 그렇게만 전해 달라 카더라."

"뭐라고요? 우리 엄마라는 사람이 다시 시집갔다고요? 자기 마음대로 새끼들 낳았다가 마음대로 팽개치고 도망간 사람 이야기라면 이제 다시는 하지 마세요. 우리도 그런 사람 이미 잊은 지 오래

되었으니까요."

이렇게 독설을 토해 놓으며 나는 집을 뛰쳐나갔다. '이제는 자식들 몰래 재혼까지 했단 말인가. 정말 엄마라고 하기도 부끄러운 사람이군.' 그런 생각만이 내 머릿속에 가득 차 있었다. 동생 또한 한동안 말을 잊은 채 일에만 열중했다.

그렇게 다시 5년이라는 세월이 흘렀다. 그동안 우리 형제는 정말 죽을 힘을 다해 일했다. 데이트 비용 든다고 연애도 하지 않고, 먹을 것과 입을 것을 아껴가며 짠돌이 소리를 들을 정도로 아끼고 또 아꼈다. 그렇게 해서 조그만 카센터를 열게 되었다. 내가 카센터에서 일을 시작한 지 11년만의 일이었다.

현판을 달면서 우리 형제는 기쁨의 눈물을 흘렸다. 그 누구의 도움도 받지 않고 순전히 우리 두 사람의 힘으로 이뤄낸 일이었기 때문에 그 기쁨은 더욱 컸다. 그런데 정말 이상한 일이었다. 바로 그 순간 흐르는 눈물 사이로 얼핏 스치고 지나간 얼굴이 있었기 때문이다. 그것은 바로 엄마의 얼굴이었다. 14년 동안 전혀 생각하지 않았던, 아니 떠올리려 하지 않았던 바로 그 얼굴이 우리 형제들만의 카센터를 오픈하면서 갑자기 내 망막에 맺힌 것이다.

나는 하루 종일 그 일에 대해 생각하고 또 생각했다. '왜 갑자기 엄마의 얼굴이 떠올랐을까? 그 사람이 도대체 나에게 뭐 길래? 자식을 버리고 자기 살겠다고 떠난 그 사람 때문에 내가 왜 고민하고 괴로워해야 하나?' 하지만 엄마를 보고 싶다는 마음을 더 이상 속일 수 없었다. 그래서 동생은 어떻게 생각하는지 물어보았다.

"선재야, 이렇게 물어보는 게 좀 조심스럽기는 하지만 너 혹시 엄마 생각나지 않니? 나도 이 말하기가 정말 힘들었지만, 또 죽기보다 싫었지만 더 이상 어쩔 수가 없어서 말이야. 이제는 우리하고 아무 상관없는 사람이 되었지만, 그래도 우리를 낳아 주신 분이 어떻게 지내는지 궁금하기도 하고……."

"형, 그렇지 않아도 내가 먼저 얘기하려고 했어. 그동안 형 입장 생각해서 꾹 참아 왔었는데 솔직히 나도 엄마가 보고 싶었거든. 비록 우리를 버리고 가시긴 했지만 그래도 우리 엄마잖아. 형만 허락한다면 당장이라도 외할머니를 통해서 소식을 알아볼게."

결국 우리 형제는 엄마를 만나보기로 했다. 하지만 그 일은 생각 외로 단순하지 않았다. 외할머니도 최근에는 엄마와 통화하지 못했다고 했다. 그러나 우리는 엄마의 오랜 친구를 통해 엄마의 거처를 알 수 있었고, 마침내 엄마를 만나기 위해 그곳으로 찾아갔다. 하지만 엄마는 또 다른 고통을 겪고 있었다. 남편이 얼마 전에 교통사고로 세상을 떠났다는 것이다. 그동안 돌봐주지도 못한 자식들이 자신을 찾는 것도 부담스러운 데다, 자신의 처지가 너무도 비관적이라 아무도 만나고 싶지 않다는 것이었다. 우리는 참담한 마음을 가누지 못해 한동안 멍하게 서 있다가 아무 말도 하지 않고 집으로 돌아왔다.

그러고 나서 우리는 일주일 뒤에 하려고 계획했던 카센터 개업식을 준비하기 시작했다. 내심 엄마를 모시고 기쁜 마음으로 하고 싶었던 개업식을 이제는 더 이상 기대할 수 없었다. 개인적으로는 엄마 앞에 나설 용기가 없었기에, 우리는 그저 엄마가 개업식에 오시기만을 간절히 바랄 수밖에 없었다. 그토록 증오하고 원망했던 엄마였지만, 핏줄의 힘은 진정 엄청난 위력이 있어서 어느새 14년의 고통과 원한을 지워 버리고 있었다.

드디어 개업식이 열리는 날이 왔다. 그동안 거래하던 회사 사람들과 친지들을 모시고 시끌벅적하게 식을 거행하던 우리는 연신 주변을 둘러보고 또 둘러보고 있었다. 하지만 기대하던 얼굴은 보이지 않았고 우리는 실망한 채 식을 마쳤다. 그러고 나서 참석한 분들과 함께 간단하게 식사를 하자고 제의하려던 순간 구석에서 반쯤 고개를 숙이며 이쪽을 바라보는 여인과 작은 여자아이를 보게 되었다.

엄마였다. 나와 동생은 바로 그곳으로 달려가 엄마와 누이동생을 얼싸안았다. 하지만 아무 말도 하지 못했다. '보고 싶었다고, 왜 이제야 왔냐고… ….' 그런 말이 수없이 입가를 맴돌았지만 흘러내리는 눈물에 곧바로 입이 막혀 버리고 말았다.

그렇게 다시 만난 우리들은 이제 다시 한 가족이 되었다. 비록 지금 당장 한울타리에서 함께 생활하자고 얘기를 꺼내지는 않았지만, 우리는 이미 모든 것을 용서하고 받아들이기로 마음을 열어 놓은 상태다. 우리 형제는 엄마에게 한 번씩 이렇게 묻곤 한다.

"엄마, 우리 저녁 언제쯤 해주실 거예요? 단추 떨어진 옷도 많은데……."

그럴 때마다 엄마는 조금 더 있으면 그렇게 되지 않겠느냐고 말씀하신다. 엄마의 얼굴을 보며 다시 한 번 더 깨닫는다. 엄마와 자식은 하늘이 맺어주는 사이라는 사실을. 그래서 그 무엇으로도 자를 수 없다는 사실을.

물론 불쑥불쑥 미운 마음이 들 때도 있다. 그런데 내가 살아가면 갈수록 세상살이가 녹록하지 않다는 것을 더욱더 절감할 때마다 당시 남자도 아닌 여자의 몸으로 한번도 돈을 벌어보지 못한 엄마가 얼마나 막막하고 힘들었을지 그 상황을 이해하게 된다. 엄마를 한 여자로 바라보면, '참, 불쌍한 인생'이라는 생각이 저절로 들기 때문이다.

부모와 자식은 사랑으로 맺어진 관계다. 여기서 관계라는 하는 것은 매우 중요한 의미를 지니고 있다. 마음에 들지 않는 자녀에게 '너는 더 이상 내 자식이 아니니 호적에서 빼 버리겠다.'는 말을 하는 아버지들이 있다. 아버지들이 자식을 실제로 호적에서 제외시킬 수 있을지 모른다. 하지만 그렇다고 부모와 자식의 전혀 남남이 되어 버리는 것은 아니다. 만일 부모와 자식 간에 불화로 서로 만나지 않는다면 그것은 '관계'가 끊어진 것이 아니라 '교제'가 이루어지지 않은 것이다. 교제가 이루어지지 않는다고 관계가 끊어진 것은 아니다. 현재의 힘겨운 상황보다는 부모와 자식 간의 관계를 먼저 생각하면서 교제가 불충분했다는 사실을 인정하고 받아들일 때 서로간의 용서와 화합이 가능할 것이다.

흐름에 거슬리려 해도 그것은 무리한 일이다. 흐름에 맡기면 아무리 약한 사람도 기슭에 닿는다. –세르반테스

아버지의 눈물이 담긴 술잔

아들이 아빠에게

이 세상에서 가장 포근한 안식처는 아마 가정일 것이다. 그렇기 때문에 가족 간의 관계가 소원하거나 다툼이 있다면 누구라도 마음 편하게 바깥일을 볼 수 없을 것이다. 나 역시 마찬가지다.

언제나 술에 빠져 지내시는 아버지. 젊은 나이에 맘 편히 인생을 즐기지도 못하고 집안 뒤치다꺼리와 동대문 시장에서 밤낮이 뒤바뀌어 일하는 누나. 이런 가족들의 모습을 생각하면 희망이 없는 것처럼 느껴져 가슴이 답답해지고 미칠 것만 같다.

회사에 출근해서 컴퓨터 모니터 앞에 앉아 서류를 만들거나 거래처를 방문하거나 동료들과 회식을 할 때조차 신명나지 않는다. 매사에 짜증스럽고, 왠지 조급해지면서 생활에 여유가 없고, 우울하다 못해 가슴 한쪽에서 쓴물이 올라온다.

그리고 무엇보다 아버지와 잠시라도 도란도란 이야기를 나눈 적이 언제였는지 기억이 가물가물하다. 퇴근하고 집으로 돌아가면 나를 반기는 것은, 김치나 멸치 쪼가리를 안주 삼아 소주를 마시다가 잠이 든 아버지와 미처 끄지 못한 텔레비전이 윙윙거릴 뿐이다. 아버지가 미워서 내가 피한 것도 있지만 세상을 포기하신 것 같은 모습의 아버지에게 어떤 말을 건넬 수 있단 말인가.

어린 시절, 어머니는 늘 편찮으셨다. 심장병을 앓던 어머니는 집에 계실 때보다 병원에 입원하실 때가 더 많았고, 앉아 계실 때보다 누워 계실 때가 더 많았다. 그리고 나는 집에서 잘 때보다 이모 댁이나 고모 댁을 전전하며 생활할 때가 더 많았다.

아직도 눈을 감으면 선명하게 기억난다. 누나 손에 이끌려서 병실 문을 열고 들어서면 침대에 누워 계신 어머니와 옆에서 간호를 하고 계시거나 간이침대에서 새우잠을 자고 계시던 아버지… …. 핏기 없는 얼굴을 한 어머니의 숨소리는 금방이라도 땅 밑으로 꺼질 것처럼 항상 위태롭고 불안해 보였다. 그리고 피곤하고 까칠한 모습의 아버지는 텁수룩한 수염 사이로 긴 한숨을 토해 냈다.

"아빠, 저희들 왔어요. 엄마는 좀 어떠세요? 이거 이모가 만드신 밑반찬과 죽이래요. 이모가 아버지라도 식사 거르지 말고 드시라고 전하래요."

"그래, 고맙다고 이모에게 말씀 전해라. 엄마는 그저 그렇지 뭐. 오늘은 힘든지 내내 잠만 잔다. 종은아, 동생 돌보느라 힘들지? 그리고 성국이는 밥 잘먹고 학교 잘 다니지?"

"그럼요. 오늘 시험에서 성국이가 또 100점 받아왔어요. 그리고 저는 괜찮아요, 아빠가 힘들어서 걱정이지요."

"성국아, 잘했다. 이거 먹어라. 점심때 외숙모가 사왔다."

나보다 네 살 위인 누나는 일찍부터 철들어 어린 동생을 챙기고 부모님을 걱정하는 착한 아이였다. 그리고 누나를 엄마처럼 생각하는 철부지 동생인 나는 정말 아무것도 모른 채 병원에서 아빠와 누나의 이야기를 들으며 과일 통조림이나 캔 주스를 맛있게 먹곤 했다.

우리 어머니의 인생은 짧았다. 내가 중학교 3학년이던 그 해 초가을에 결국 돌아가셨다. 장례식을 마치고 집으로 돌아오는 영구차에서 넋두리처럼 말하던 고모의 얘기처럼 말이다.

"이렇게 살다 죽으려고 그랬나, 언니는 정말 너무 착했어. 그렇지만 기왕 갈 거면 빨리나 갈 것이지, 불쌍한 남편과 아이들은 어떻게 하라고……. 가족들 모두 고생시키고, 얼마 있던 재산까지 모두 없애고 빚까지 지게 만들어 놓고 가면 어떡해?"

그렇다. 정말 우리 집은 어머니가 돌아가신 뒤에 남아 있는 게 없었다. 오히려 몇 달째 밀린 병원비와 친척들에게 이리저리 돌려쓴 허리가 휠 정도로 많은 빚만이 입을 딱 벌린 채 기다리고 있었다. 게다가 아버지는 몇 년 동안 어머니 간호에만 전념하셔야 했기 때문에 직장을 그만둔 지 이미 오래된 상황이었다.

그런데 어머니는 돌아가시며 아버지의 삶에 대한 의욕까지도 함께 가지고 가셨나 보다. 머리 좋다고 사람들의 인정을 받고 능력 있던 아버지는 이제 어떤 일에도 자신 없는 모습을 보이셨다. 그리고 주위 분들의 도움으로 겨우 용기를 내어 시작했던 조그만 음식점도 장사가 되지 않아 망하자, 점점 더 소극적으로 변하셨다. 아버지는 세상과 담을 쌓으려는 듯 집 밖으로 나가려고 하지 않으셨다. 물론 돈 버는 일과 담을 쌓은 것은 당연했다.

아빠가 그러면 그럴수록 누나의 짐은 점점 더 무거워졌고, 누나는 결국 우리 집 생계를 책임지기 위해 생활전선에 뛰어들었다. 아마도 그때부터인 것 같다. 가끔 친구들이나 친척들과 술잔을 기울이던 아버지가 술에 빠지기 시작한 것이다.

가장의 책임을 내팽개치신 아버지, 술에 의지하는 시간이 더욱 더 늘어나는 아버지, 점점 더 초라해지는 아버지. 정말 그런 아버지가 밉고 싫었다. 아니, 너무 원망스러웠다. 그래서일까? 아버지도 나도 서로를 피했다. 마주치기만 하면 서로에게 상처 주는 말밖에 하지 않았기 때문이다.

"아빠 너무 미워하지 마라. 그래도 아빠니까 다니던 직장도 그만두고 몇 년 동안이나 그 힘든 엄마 병 수발을 들고, 우리 남매 버리지 않고 키우셨지. 상황이 아빠를 이렇게 만든 거야. 아빠를 이해해야지, 우린 가족이잖아."

"성국아, 너 모르지? 요즘 아빠가 술을 조금씩 줄이려고 무척 노력하신다. 그러니까 '저녁 드셨냐?'고 묻기도 하고 따듯한 말 한마디라도 건네라. 아빠가 내색은 하지 않으셔도 마음 약하고 정이 많으신 분이잖아."

멀어지기만 하는 나와 아버지 사이를 안타까워하던 누나가 하는 이야기다. 물론 나도 알고 있다. 그런데 아버지가 술을 마시거나 취한 모습을 보면, 나도 모르게 미워져서 할 말을 잃고 만다. 하지만 아버지에 대한 미움과 원망이 쌓여 있는 두께만큼 연민과 사랑이 마음속 깊은 곳에 숨어 있음을 느낀다. 아버지도 자신의 모습이 싫지만, 어쩔 수 없을 것이다. 또 늙은 아버지에게 지금 술밖에 세상사는 맛이 더 있겠는가! 아마도 아버지의 가슴속 눈물이 담긴 술잔을 아버지는 들이키시는 것이리라!

오늘은 퇴근할 때 아버지가 좋아하시는 단팥빵이라도 사서 가야겠다. 그리고 누나의 말대로 두 눈 꼭 감고 아버지와 나의 사이에 징검다리라도 놓기 위해 한마디 건네야겠다.

"아빠, 저녁 드셨어요? 안 드셨으면 이거라도 드세요."

좌절하고 방황하는 사람들에게 가장 큰 위로는 그 사람의 편이 되어 주는 것이다. 대부분의 사람들은 자신이 가진 문제의 해답을 아는 경우가 많다. 단순히 해답만을 주려고 하지 말고 사랑이 담긴 다정한 마음으로 다가갈 때 상대방은 자기를 생각해 주는 사람이 있다는 소속감을 느끼며 위로를 받을 수 있다.

부모들이 우리의 어린 시절을 꾸며 주셨으니 우리는 그들의 말년을 아름답게 꾸며 드려야 한다. –생텍쥐페리

조상을 숭배하는 아버지

아들이 아빠에게

나에게 '아버지'라는 단어는 '근엄함' 혹은 '무뚝뚝함'과 같은 말로 생각될 정도로 아버지는 원리원칙에 충실하신 엄격한 분이셨다. 돌이켜보면 일제 강점기에 태어나셔서 육남매를 모두 대학까지 보내셨으니, 아무리 인자한 성품을 타고났어도 그렇게 될 수밖에 없었을 것이다. 변변한 직업을 갖고 계신 것도 아니었으니 말이다.

내가 어릴 적에 아버지는 하루에 한마디도 하지 않을 때도 있었다. 경상도 특유의 무뚝뚝한 성격이 몸에 배어 있는 데다 생활이 어려웠기 때문에 사람들이 우스갯소리로 이야기하듯이 "별 일 없나? 밥 묵자. 고마 자자." 이렇게 세 마디 정도만 들었던 기억이 난다. 아버지가 그 이상으로 말을 길게 하는 걸 본 기억이 없을 정도다.

하지만 아버지에게는 이 외에도 단 한 가지 특징이 있었다. 그것은 조상에 대한 애정이 누구보다도 각별하다는 것이었다. 아버지는 한 달에 평균 1.5회의 제사를 지낼 정도로 조상에 대한 아버지의 애정은 깊었다. 어릴 때를 돌이켜보면, 어머니가 갑자기 분주하게 시장을 보러 가시면 으레 제사 때가 다가왔다는 것을 느낄 수 있었고 먹을 게 궁했던 우리 형제들은 잔뜩 기대감을 갖고 제사가 끝나기만을 기다렸다.

우리 형제는 모두 2남 4녀로, 내 위로 네 명의 누나들이 있고 바로 밑으로 한 살 아래의 남동생이 있다. 어머니는 갓 스물에 시집을 와 지금까지 남편과 자식들 뒷바라지 하느라 평생을 보내셨다. 해방된 뒤에 힘든 시기를 보냈던 우리나라 모든 여성들처럼, 어머니도 시집살이의 절반은 애를 갖고 낳는 데 보냈고 나머지 절반은 그 아이들을 기르고 보살피면서 보냈다. 그만큼 어머니의 인생은 고단하고 힘겨웠다.

두 분은 고향에서 중매로 결혼하셨는데, 아버지는 당시로서는 보기 드물게 대학을 졸업한 수재였고, 외갓집에서는 이런 아버지에게 시집을 보내면 딸이 호강할 거라고 생각하고는 선뜻 결혼을 허락했다고 한다. 하지만 아버지는 안정된 면 서기직을 훌쩍 내던지고 나의 고모가 되는 누나의 공장에 취직하겠다고 도시로 나오게 되었는데 그때부터 힘겨운 삶이 시작되었다고 한다. 아버지가 공장에 들어간 직후에 고모의 공장이 문을 닫게 되었기 때문이다.

이렇게 갑작스런 불행이 닥쳤지만 아버지는 조상에 대한 경외감만큼은 독실했다. 달력에 빨갛게 표시해 놓고 1주일 전부터 몸과 마음을 경건하게 했고, 며칠 전부터는 어머니에게 제사 음식 장만을 지시했다. 하지만 살림살이가 어려워 제대로 된 음식을 장만하기 어려웠기 때문에 어머니는 늘 마음고생을 했다. 남동생과 나는 철이 들면서부터 이런 어머니를 보며 한없이 안타까워하면서도, 다른 한편으로는 조상을 공경하는 아버지의 모습이 한 없이 크고 존경스러워 보였다.

하지만 내가 고등학교에 들어가 우연히 교회에 나가면서 사단이 생겼다. 초등학교에 들어가기 전에 부활절을 맞아 삶은 계란을 먹으러 가거나 성탄절에 주는 과자를 받기 위해 교회에 몇 번 나간 적은 있었지만, 우연한 기회에 찾아온 신앙생활은 나의 삶을 송두리째 바꿔 버렸다.

교회에 다니던 초기에는 우리 집의 어둡고 건조한 분위기와는 달리, 밝고 환한 사람들의 표정과 분위기가 좋아서 다녔던 것 같다. 하지만 1학년 겨울방학 때 수련회에 참가하면서 예수님을 삶의 주인으로 영접하게 되었고 그때부터 나의 인생관은 완전히 바뀌었다.

물론 그때도 어렸지만 나는 지금부터라도 제사를 거부하기로 마음먹은 것이다. 엄격하기만 한 아버지의 화난 얼굴을 떠올리면 아득하기만 했지만 그래도 내가 믿는 하나님과 조상신을 동시에 섬길 수는 없었다. 아버지를 사랑하고 존경했지만 조상신에게 무릎을 꿇는 것만은 도저히 받아들일 수 없었다. 드디어 결심한 뒤에 맞는 첫 번째 제사가 찾아왔고 나는 당시 목숨을 걸고 제사를 거부했다.

"아버지, 저 이제부터 제사를 지내지 않겠습니다."

"너, 지금 뭐라고 그랬어?"

"제사 지내지 않겠다고요."

"이 자식이!"

순간 내 뺨으로 아버지의 손이 날아왔고 나는 그대로 쓰러졌다.

"다시 한 번 말해 봐라. 제사를 안 지내겠다고? 너 지금 제정신이냐?"

나는 잠시 고민했지만 스스로를 속일 수가 없었다.

"예, 제사는 안 지낼 겁니다."

"그래 좋다. 그러면 너는 더 이상 내 자식이 아니다."

예수님을 영접한 이후에 맞이한 첫 번째 제사는 그렇게 지나갔고, 나는 한동안 아버지의 얼굴을 똑바로 쳐다보지 못했다. 그래도 피는 어쩔 수 없었던지, 아버지는 언제부턴가 나를 다시 편안하게 대해 주셨고 나도 더욱 공손하게 아버지를 모셨다. 하지만 제사 때마다 팽팽한 긴장감이 나를 엄습했고 그때마다 나는 내 방에서 공부하거나 산책을 하는 것으로 자리를 피해 버렸다.

그러다가 서울에 있는 대학교에 입학하게 되면서 나는 제사가 주는 스트레스에서 벗어날 수 있었고, 아버지께는 가끔씩 인사차 들르기만 하면 되었기 때문에 비교적 좋은 관계를 유지할 수 있었다. 나는 내 인생에서 제사가 더 이상 문제될 게 없다고 생각했고, 아버지께는 내가 할 수 있는 한 가장 조심스럽게 복음을 전하기도 했다. 하지만 평생 조상을 섬겨 오신 아버지의 세계관을 바꾸기란 정말이지 쉽지 않았다.

내가 대학 입학과 함께 독립하면서 그 뒤로 10년이라는 세월이 흘렀고, 제사 문제는 내 인생에서 완전히 사라진 것처럼 보였다. 아버지도 그 뒤로는 술을 드셨을 때만 가끔 섭섭하다는 듯 제사 문제를 꺼내셨고 평상시에는 전혀 제사에 대해 언급하지 않으셨다.

하지만 내가 결혼을 하게 되면서 제사 문제가 다시 불거지게 되었다. 결혼한 사람들이 으레 그렇듯이 나는 명절을 맞아 아내와 함께 고향에 내려가게 되었고, 당연히 제사를 맞이해야 하는 상황이 되었기 때문이었다. 기독교 가정에서 자라난 아내는 어찌할 바를 몰라 당황스러워했다. 당시 우리보다 2년 일찍 결혼했던 남동생 내외는 교회에 다니지 않았기 때문에, 재수는 제사 음식 준비를 하는 등 여러 가지로 바쁘게 움직였다. 하지만 상대적으로 아내는 결혼한 지도 얼마 되지 않은 데다 제사 문화에 익숙하지도 않았기 때문에 많이 힘들어했다.

그렇게 두 번의 명절을 지내면서 아내는 한 가지 결심을 했다. 제사에는 참여하지 않되 제사 음식을 만드는 데는 참여하겠다는 것이었다. 음식은 어차피 우리가 먹기 위해 장만하는 것이고 그런 점에서 가족과 함께하는 즐거운 시간으로 받아들이겠다는 것이었다. 나는 아내의 입장을 존중해 주었고 그때부터 남동생 내외와의 관계도 더 편안해졌다. 남동생도 자신이 차남이면서도 제사에 전면으로 나서는 게 부담스럽기도 했고 나에게 섭섭한 점도 있었는데, 형수가 집안 살림을 비롯해서 가족 행사에 대해 적극적으로 참여하는 모습을 보며 더 이상 그런 마음을 갖지 않게 되었다고 했다.

그런데 우리가 아이를 갖게 되고, 아이가 어느 정도 사리 판단을 하게 되면서 제사 문제는 다시 우리를 괴롭혔다. 아버지가 아이만큼은 제사에 참여시켜야 한다고 다그친 것이다. 심지어 내가 다른 일을 하고 있을 때 아이를 제사 지내는 곳으로 데리고 들어가기까지 하셨다. 어쩌면 아버지가 그때를 기다리고 계셨는지도 모른다고 생각될 만큼 아버지는 아이를 제사에 참여시키려고 집요하게 매달리셨다. 아들에게서 못 이룬 것을 손자에게서 이루고 싶으셨던 것이다.

하지만 나는 이런 아버지의 태도에 분노했다. 지금까지 우리 부부가 모든 노력과 정성을 다해 성심성의껏 아버지를 모셨지만 아버지는 아들이 가장 싫어하는 것을 결정적 순간에 요구한 것이다. 분노의 감정이 일면서도, 한편으로는 그렇게까지 제사에 집착하는 아버지가 안쓰럽기까지 했다.

"경석이는 제사에 꼭 참석시켜라. 네가 제사를 모시지 않겠다면 경석이라도 모셔야지."

"아버지, 도대체 무슨 말씀이세요! 경석이는 제 아들입니다. 그 아이도 교회에 다니고 있고요."

"교회에 빼앗기는 것은 아들 하나로 족하다. 손자마저 교회에 뺏길 수는 없다."

"아버지가 제사를 얼마나 소중하게 생각하시는 줄은 알지만, 이렇게 계속 제사를 강요하시면 저희들이 아버지를 뵙기가 너무 고통스럽게 됩니다. 제발 저희 마음도 이해해 주십시오."

이런 식의 대화가 6개월 정도 반복된 뒤에 아버지는 결국 모든 것을 포기하셨다. 조상을 공경하는 아버지의 입장에서 볼 때, 장남의 가족은 밉기도 하고 원망스럽기도 한 존재들일 것이다. 하지만 나는 예전보다 더 아버지에게 마음을 쓰고 지속적으로 안부를 여쭙고 있다. 나이가 조금씩 들면서 아버지가 우리를 어떤 마음으로 키우셨는지 더 잘 알게 되었기 때문이다. 한 가지 반가운 것은, 얼마 전에 아버지께서 이런 말씀을 하신 것이다.

"내가 다른 건 몰라도 네가 정말 열심히 살고 있다는 건 안다. 네가 믿는 종교를 이해하지는 못하지만 너의 삶을 인정할 수는 있을 것 같다."

다음에 아버지를 만나면 나도 이런 말씀을 드리고 싶다. '아버지, 저도 아버지가 살아오신 삶을 다 알지는 못하지만, 아버지께서 저희들에게 얼마나 소중한 존재인가를 언제부턴가 깨닫고 있었어요. 아버지께서 항상 함께 있어 주시는 것만으로도 정말 감사합니다.'

신앙은 절대적 가치로서 타협의 대상이 아니다. 하지만 신앙 때문에 가족 간에 갈등이 일어날 경우 그 절대적인 가치로 상대방의 모든 것을 부정하려고 해서는 안 된다. 지켜야 할 것과 타협해야 할 것을 구분해야 한다. 지켜야 할 것은 약간의 마찰이 있더라도 자신의 입장을 분명히 해야 한다. 하지만 타협이 가능한 부분에서는 성의를 보여야 한다. 제사를 지내는 집안의 경우 무조건 발을 끊고 참여하지 않기보다는 제사상에 절을 하지 않더라도 음식을 같이 만드는 일에 참여하는 것으로 마찰의 폭을 조금씩 줄여가는 것은 더 나은 인간관계를 위한 작은 지혜라고 할 수 있을 것이다.

사랑은 이해의 별명이다. **-타르고**

우리 아버지 '미스터 구두쇠' 구하기

딸이 아빠에게

오늘 아침에도 아버지와 한바탕 소동을 벌이고 아침밥도 먹지 못하고 출근했다. 이런 날이 한 달에 한 번쯤은 연례 행사처럼 있기 때문에 이제는 이력이 붙어서 그럭저럭 넘어갈 수도 있을 텐데……. 나는 여전히 화를 풀지 못하고 혼자서 씩씩거린다.

"아니, 아직도 정신을 못 차렸어. 내가 그렇게 누누이 타이르고 또 타일렀건만. 서른이 코앞에 다가왔는데, 멍청이라도 이제는 알아들겠다. 지금도 방송에서는 나라 경제가 어렵다고 난리인데, 새 구두를 사. 한 일이 년은 더 신을 수 있는데도 이렇게 돈을 펑펑 써."

"네가 돈 번다고 옷 사고, 구두 사고, 화장품 사고, 핸드백 사다 보면 뭐가 남는 줄 아냐? 깡통 차고 빈털터리 돼. 그러다가 요즘 신문에 나오는 신용불량자도 되는 거야. 왜 이렇게 우리 집 여자들은 아낄 줄을 몰라. 과소비도 이런 과소비가 없단 말이야."

"내가 너를 어느 집에 시집을 보낼 수 있겠어. 사치한다고 시어른이 잘못 교육시켰다고 따지면 어떡해?"

누군가 이런 아버지의 이야기를 듣는다면, 아마도 내가 소비와 사치를 일삼는 철딱서니 없는 사람인 줄 알 것이다. 하지만 주위 사람들에게서 아들이 있으면 며느리를 삼고 싶다는 말을 들을 정도로 요즘 보기 드물게 야무진 아가씨로 인정받는다. 절대 허투로 돈을 쓰는 일이 없고, 적금통장을 하나둘씩 늘리며 이자가 붙는 재미가 뭔지를 알고 있으며, 또 어느 은행과 증권사가 이율이 높은지 꿰뚫고 있는 재테크에 밝은 직장인이다. 동료들은 나를 알부자라고 내심 부러워할 정도인데 말이다.

오늘 사건도 벼르고 또 별러서 세일할 때 큰맘 먹고 구두를 한 켤레 장만한 게 화근이었다. 혹시 아버지 눈에 띄어 난리가 날까봐 신발장에 꼭꼭 숨겨 두고 며칠간 몰래 신고 다녔는데, 오랜만에 등산화를 찾던 아버지에게 그만 딱 발견되었다. 그동안 2년이나 신었고, 예닐곱 번씩 구두 굽을 갈며 신어 너무 낡았다. 그런데 아버지 눈에는 멀쩡한 구두를 두고 새것을 산 사치한 딸로 보이는 것이다. 아버지 말씀대로 서른이 코앞에 다가온 내가 이 나이에 구두 한 켤레 마음대로 사지 못한다는 게 말이 되는가? 나도 한창 멋 부리고 싶은 아직은 젊은 피가 흐르는 이십대 아가씨가 아닌가?

아버지는 외아들에 유복자로 태어나서 홀어머니 밑에서 외롭게 성장하셨다. 아버지 세대의 사람들이 그렇듯이 아버지도 가난했지만 어느 누구의 도움도 받지 않고 혼자 몸으로 자수성가했다. 그래서 이 세상 어떤 구두쇠보다 아버지는 더 짜다. 우리 집은 아직도 비누 한쪽에 호일을 붙여놓고 사용하고, 치약도 끝에서부터 쓰는 것은 물론이고 가위로 자르고 잘라 더 이상 쓸 수 없을 때까지 쓰고 또 쓴다. 지금도 엄마는 하루하루 콩나물과 두부 값까지 일일이 타서 쓰실 정도다. 그러니 우리 가족들의 검소함은 대한민국에서 둘째가라면 서러울 것이다.

게다가 어려서부터 할머니한테 떠받들어 키워진 아버지는 다른 사람들을 전혀 배려할 줄 모른다. 상대방의 기분이 어떤지 아랑곳하지 않고 자신의 마음에 들지 않으면 먼저 목소리부터 높인다. 그러므로 엄마를 비롯해 나와 남동생은 아버지 앞에서는 눈치를 살피며 트집이 잡히지 않게 항상 긴장하게 된다.

작년 가을에는 할머니께서 목욕탕에서 넘어진 뒤에 1개월 정도 시름시름 앓다가 돌아가셨다. 그런데 우리 가족들은 장례를 치르면서 다시 한 번 아버지의 태도에 혀를 내둘렀다. 두 분의 고모와 엄마는 일찍 남편을 여의고 힘들게 살아오신 할머니를 위해 호화롭고 성대하지는 않아도 간소하지만 어느 정도 구색은 맞추길 원하셨다. 그러나 아버지는 무엇이든지 싼 것만을 고집하셨다. 수의나 관에서부터 문상객의 음식 대접까지 가장 싼 것을 사용했다.

"죽은 사람이 뭘 알아? 효도하고 싶으면 살아생전에 잘해야지,

장례 치르는데 돈 처바른다고 어머니가 기뻐하셔?"

"그래도 이 세상에서 마지막으로 입으시는 옷인데, 수의만이라도 좋은 것으로 해요."

"다 소용없는 일이야. 싸구려 중국산이나 비싼 수제품이나 어차피 화장하면 재만 남을 뿐이야. 그런데 뭣 하러 돈을 들여. 얘들아, 내 유언이라고 생각하고 잘 들어라. 내가 죽으면 수의도 필요 없다. 그냥 평소 입던 옷이나 깨끗하게 빨아 입혀라. 무조건 가장 싼 것으로 해라. 돈 들일 필요 조금도 없다."

물론 아버지 말이 틀린 것은 아니다. 사람이 살아 있을 때가 중요하지, 죽으면 아무 소용없다. 그렇지만 다른 사람도 아닌 할머니께서 돌아가셨는데, 너무 하신다는 생각이 저절로 들었다. 아버지는 할머니께 유복자에 외아들이었던 특별한 존재였고, 할머니의 전폭적인 사랑과 대접을 받으시며 자라셨다. 그런데도 마지막 가시는 길에서조차 인색한 아버지가 너무 야속했다.

하지만 지금 우리 가족들이 떵떵거리지는 않지만 돈 걱정하지 않고 살만한 것은 모두 아버지 덕분이라는 사실을 잘 안다. 어려서부터 몸에 익힌 검소한 절약 정신과 철저한 생활 교육으로 우리 남매는 사막 한복판에 떨어진다고 해도 살아서 집으로 돌아올 정도로 강하게 성장했다. 요즘같이 살기 힘든 각박한 세상에 이런 자산이 또 어디 있겠는가!

엄마의 말씀처럼 그동안 너무 힘들게 살아오셨던 아버지는 남들에게 베풀고 삶을 여유롭게 즐기는 방법도 모르고 시간도 없으셨다. 이제는 조금씩 그런 아버지의 모습이 밉기보다 안쓰럽다는 생각이 든다. 그리고 어떻게 평생을 그렇게 살아오신 아버지가 하루아침에 달라질 수 있겠는가. 딸인 내가 아버지를 이해하고 받아들이는 수밖에…….

돈의 가치는 잘 벌고 잘 쓰는 것에 있다. 그렇기 때문에 무조건 돈을 벌어 모으기만 하고 써야 할 곳에 쓰지 못하는 사람은 모으는 그 자체에 의미를 두고 있는 것이다. 반면에 돈을 무절제하게 쓰는 것은 돈에 노예가 된 것이다. 중요한 것은 돈 그 자체보다도 돈을 사용하는 사람이다. 돈이 사람을 위해 있는 것이지 사람이 돈을 위해 있는 것이 아니다. 사람을 사람답게 하는 데 돈이 쓰인다면 그 돈은 가치있게 관리되는 것이다. 돈 때문에 문제가 생길 때 항상 이런 점을 생각해야 한다.

어린이에겐 비평보다는 본받을 모범이 필요하다. -쥬벨

형·제·자·매·관·계

부모가 죽으면 가장 멀어지는 사이

이해한다는 것은 속상한 감정이 없어진다든지 현실적인 문제가 해결되었다는 것과 같은 말이 아니다. 문제가 해결되지 않은 채로 있을 수도 있고 감정적으로 안정할 수 없는 부분이 여전히 남아 있을 수도 있다. 그럼에도 불구하고 자신의 생각을 긍정적으로 바꾸는 것이 바로 이해다.

나는 더 이상 철부지가 아니야

남동생이 형에게

우리 부모님은 칠십 평생 동안 넉넉하지 않은 가정 형편에도 일곱 명이나 되는 자녀를 교육시키고 출가시키셨다. 7남매 중에 형님과 나는 10살 차이가 나기 때문에 자랄 때도 함부로 대하지 못했고 결혼한 뒤에는 더더욱 어려운 관계가 되었다. 특히 내가 서울에 있는 사립대학에 진학할 즈음 형님이 결혼하면서 우리 사이는 더욱 악화되었다.

형님은 내가 고향에 있는 국립대학에 진학하길 바랐다. 그것은 순전히 서울에 유학하면 생활비며 등록금 등이 훨씬 더 비싸기 때문에 그런 것이었다. 하지만 나는 그런 형님을 이해할 수 없었다. 솔직히 나한테 용돈 한번 준 적 없고 등록금 한번 대 준 적도 없으면서, 단지 장남이라는 이유로 부모님 돈을 많이 쓰면 안 된다면서 내가 가고 싶은 대학에 가지 못하도록 극구 반대한 것이다. 이런 형님의 만류에도 불구하고 나는 결국 내가 원하던 대학에 진학했고 이 때문에 나는 형님에게 얻어맞기 일보 직전까지 가기도 했다.

형님은 결혼한 뒤에도 집안의 대소사를 도맡아 처리하면서 명절 때마다 부모님을 찾아뵈었지만, 나는 형님과의 껄끄러운 관계 때문에 명절에도 고향에 내려가지 않았다. 이런 갈등의 골은 내가 결혼하면서 더 깊어졌는데, 부모님을 찾아뵈어야 하는 명절에도 형님 가족을 피해 하루만 얼굴을 내밀고 서울로 돌아왔기 때문이다. 가끔 가족모임이 있어서 7남매가 모두 모이게 되면 형님은 으레 술을 한 잔 걸치며 그동안 쌓였던 감정을 나에게 한꺼번에 쏟아 내곤 했다.

"야, 도대체 너는 자식 아니냐? 그리고 도대체 나를 형님으로 인정하고 있기는 하냐? 명절에는 왜 그렇게 도망치듯 다녀가는 거지? 그리고 이왕 말이 나왔으니 이 말도 해야겠다. 형수도 명절 때마다 혼자 내려와서 명절 음식을 장만하는데 제수씨도 같이 해야 하는 거 아니냐. 아무리 시집이 어렵다고 해도 그렇지, 가물에 콩 나듯이 내려오면 좋아할 사람 아무도 없어!"

"형님, 좀 취하신 것 같은데요. 형님 말씀대로 제가 잘못한 부분이 많습니다. 너그럽게 이해해 주세요."

"잘못했다면 다냐? 너도 이제 결혼했으면 부모님 좀 챙겨야지. 언제까지 어리광만 부릴 거냐!"

"제가 언제 어리광을 부렸다고 그래요! 정말 듣기 민망하네요. 형님이 술 취한 상태에서는 더 이상 형님 말씀 듣고 싶지 않습니다. 내일 맨 정신으로 말씀해 주세요."

"야! 너 그게 형한테 할 말버릇이니? 오냐, 네가 이렇게 나오는 걸 보니 그동안 나를 어떻게 생각하고 있었는지 알겠다. 아무리 이 형 직업이 변변치 않다고 해서 너까지 나를 무시해? 그러는 너는 얼마나 잘났냐, 응!"

이런 이야기를 계속 듣고 있으면 괜히 자존심도 상하고 자격지심도 생겨 당장이라도 그 자리를 피하고 싶어지기도 했다. 형님의 말이 맞는 부분도 있지만 결국 그 모든 게 내 잘못만은 아니었기에 그 말을 인정하고 싶지 않았던 것이다.

형님은 전문대를 졸업한 뒤에 가업을 이어받으라는 아버님의 권유를 뿌리치고 자신이 좋아하는 컴퓨터 프로그래머의 길로 들어섰다. 당시 아버님은 고등학교 앞에서 작은 서점을 운영하고 계셨는데 형님의 입장에서는 적성에 맞지 않는 일을 하기 싫었던 것 같다. 그때부터 형님을 제외한 나머지 형제들은 형님이 어디서 무슨 일을 하는지 아무런 소식을 들을 수 없었다. 심지어 형님이 결혼한 뒤에는 형수님조차 형님이 어느 직장에서 어떤 일을 하는지 얘기해 주지 않았다. 그만큼 형님은 자기 삶을 외부에 드러내고 싶어 하지 않았고 이런 모습 때문에 나머지 형제들과의 관계는 점점 더 소원해졌다.

하지만 명절을 맞아 내가 안부 전화라도 하면 내 일거수일투족에 대해서는 모든 것을 알고 싶어 한다. 내가 어느 직장에서 무슨 일을 하며 직위가 어떻게 되며 얼마나 버는지에 대해서조차 알고 싶어 한다. 만일 내가 이야기하기를 꺼려 하기라도 하면 자신을 이렇게 무시해도 되냐며 호통을 친다.

문제는 이뿐만이 아니었다. 철이 들고 마흔이 된 지금까지 항상 내가 먼저 형님의 안부를 물어야 했다. 그리고 결혼한 뒤에는 아내가 형수님에게 똑같이 해야 했다. 내 밑으로도 두 명의 동생이 있었지만 나는 윗사람과 아랫사람을 차별하지 않고 항상 내가 먼저 안부를 물었다. 그런데 형님은 마치 그게 아랫사람의 당연한 도리인 것처럼 여겼고 내가 전화하기 전에는 절대 먼저 전화하는 법이 없었다. 동생의 입장을 고려하지 않는 이런 태도는 형수님에게도 영향을 미쳐, 이제는 형수님마저도 아내에게 연락 한 번 없다.

이렇게 서로 관계가 좋지 않은데도 형님은 마흔이 된 나를 여전히 어릴 적 꼬맹이로 생각하는지 만날 때마다 화를 내고 가르치려고만 한다. 그렇기 때문에 같은 지역에 거주하면서도 이제는 서로 왕래조차 없고 굳이 만나서 스트레스를 감수하고 싶지도 않다.

이런 내 모습을 돌아볼 때마다 마음이 답답해지고 현기증이 난다. 솔직히 나는 형님과의 관계를 회복하고 자주 왕래하며 잘 지내고 싶다. 조카들 선물도 사 주고 아내와 형수가 자주 만나서 흉허물 없이 지내는 모습도 보고 싶다. 하지만 형님의 얼굴만 대하면, 아니 목소리만 들어도 그 결심은 여지없이 깨어져 버린다.

"결혼하면 형제라도 다 남이 된다."더니 그 말이 맞는 것 같다. 하지만 따지고 보면 내가 형님과 이런 사이가 된 것은 꼭 형님 탓만은 아니다. 자라면서 형님에게 유난히 큰 기대를 걸었던 부모님은 점차 그 기대가 무너지면서 반대급부로 형님을 심하게 질책했었다. 그리고 마치 유일한 희망처럼 나에게 모든 기대를 걸었고, 나는 그 기대에 부응하여 최선을 다해 공부했고 부모님의 기대에 어느 정도 부응하게 되었다.

이런 상황을 떠올리면 장남이라고 형님이 먼저 손을 내민다는 것이 얼마나 힘든 일일까 생각해 보게 된다. 형님은 장남일 뿐이지 나를 비롯해서 주변 사람들을 모두 넉넉하게 품어 줄 만큼 준비가 되어 있지 않은 것이다. 그렇다면 조금이라도 더 준비가 된 사람이 먼저 손을 내미는 것이 마땅하다.

"결혼한 형제보다 이웃사촌이 더 낫다."는 말을 생각해 본다. 이 말은 어쩌면 형제에게는 그만큼 기대하는 것이 많기 때문에 많이 받아도 상대적으로 적게 받는 것처럼 생각하고, 이웃에게는 기대하는 것이 별로 없기 때문에 조금 받아도 많이 받는 것처럼 생각하기 때문에 그런지도 모르겠다.

내가 붙임성이 그리 좋은 편은 아니지만 이번만큼은 형님에게 먼저 손을 내밀고 싶다. 내가 잘 가는 칼국수 집에 형님을 모셔서 시원한 국물 맛을 한번 보여 드리며 내 고민을 한번 털어 놔야겠다. 어쩌면 그게 지금 나에게도 그리고 형님에게도 가장 큰 선물이 아닐까 생각한다.

잘잘못을 따지고 결론을 내린다고 해서 인간관계가 바로잡히는 것은 아니다. 우리가 살아가는 동안 잘잘못을 정확하게 구별할 수 없는 경우가 많다. 사람들은 자기 입장에서 생각하는 경향이 많기 때문에 자신의 가치 기준에 부합하지 않는 사람이나 상황에 대해 쉽게 문제가 있다고 생각해 버린다. 또한 누군가를 평가해야 할 경우에는 상대방의 감정을 반드시 고려해야 한다. 어떤 사람이 잘못된 말이나 행동을 했을 때 그것을 일방적으로 지적하며 공격하면, 잘못에서 돌아서기보다는 자신이 공격받았다는 생각 때문에 오히려 화를 내며 상황이 악화되는 경우가 많다. 부정적인 이야기를 해야 할 경우를 포함해서 모든 경우에 상대방의 입장에서 생각해 보고 그가 갖게 될 감정을 떠올려 보면, 더 나은 인간관계로 나아갈 수 있을 것이다.

삶이란 우리의 인생 앞에 어떤 일이 생기느냐에 따라 결정되는 것이 아니라 우리가 어떤 태도를 취하느냐에 따라 결정되는 것이다. –존 호머 밀스

내 이름은 문디

여동생이 언니에게

내 이름은 정숙이다. 윤정숙. 그러나 딱 한 사람은 언제나 나를 '문디'라 부른다. 다른 사람들은 어떻게 생각할지 모르지만 나는 이 '문디'라는 말이 정말 싫다. 다른 의미가 있든 없든 간에 나는 이 말을 들으면 나병환자를 비하하면서 흉물스럽게 일컬을 때 쓰는 문둥이라는 말이 떠오르기 때문이다.

큰언니와 나는 12살 차이가 나는 띠 동갑이다. 7녀 1남 가운데 맏이인 큰언니와 다섯째인 나. 어머니는 무던히도 많은 아이들을 낳으셨는데 그게 다 막내 정훈이 녀석 때문이다. 대를 이어야 한다는 허무한 이유 때문에 부모님은 평생을 아이를 낳고 키우는 데 보내셨다. 어쩌면 부모님은 자손을 번식시키려는 단 하나의 이유 때문에 태어난 것인지도 모르겠다.

어쨌든 나는 큰언니에게는 언제나 '문디'다. 이 흉한 이름을 나는 서른이 넘어서까지 듣고 있었으니 누구라도 소름이 돋을 만한 상황이었다. 하지만 사실 큰언니가 나를 부르는 이름은 이것 말고도 두 개가 더 있었다. '똥강아지'와 '개똥이'가 바로 그것이었다.

솔직히 어렸을 때는 부끄러움도 별로 없고 그다지 의식하지 못하고 지냈기 때문에 큰언니가 뭐라 부르든 상관없었다. 하지만 중학교에 들어가면서부터 그런 이름들이 상당히 부담스럽고 역겹게 다가오기 시작했다.

"야, 문디야, 너 오늘 수업 마치고 바로 집으로 와야 한데이."

"큰언니야, 제발 좀 그렇게 부르지 말거라. 문디는 무슨 문디고."

"이 문디 가스나야, 내가 니를 뭐라 부르든 무슨 상관이고. 말귀만 알아먹으면 됐지. 여러 말 말고 마치는 대로 와야 한다. 알았나?"

"나 모른다, 모른다 안 카나!"

이렇게 한바탕 하고 나면 온몸에 기운이 빠지고 열이 오른다. 하지만 큰언니는 전혀 개의치 않았다. 한번은 나한테 전화가 왔는데 정숙이를 바꿔 달라는 친구에게 "조금만 기다려, 문디 불러줄게." 하고 대답한 적도 있었다. 친구가 도대체 문디가 뭐냐고 하길래 그냥 아무것도 아니라고 얼버무렸지만 속으로 얼마나 창피했는지 모른다.

상황이 이렇게 되고 보니 큰언니를 보는 게 점점 더 무서워졌다. 시도 때도 없이 문디, 개똥이, 똥강아지와 같은 이름들이 나를 에워싸니까 노이로제에 걸릴 지경이 되었다. 게다가 서른 즈음에 결혼할 사람과 함께한 자리에서 큰언니가 이렇게 막무가내로 나를 불러 댈 때는 정말 원수가 따로 없었다.

“그래, 곽 서방은 우리 개똥이 어디가 그래 마음에 들더노? 비쩍 골아가지고 볼 데라고는 하나도 없는데 말이다.”

“아, 예? 개똥이요? 허허허. 자기 별명이 개똥이야? 허허. 예! 저는 개똥이한테 푹 빠졌심더. 평생 개똥 뒤집어쓰고 살아도 좋을 만큼 개똥이가 좋다 아입니까.”

“자기, 무슨 소리해! 개똥이는 누가 개똥이라고 그래! 큰언니 이제 좀 그만해, 제발 그만하란 말이야!”

“아니, 이 문디 가스나가 돌았나! 이 좋은 자리에서 울기는 왜 울고 자빠졌노. 야, 야! 니 어데 가노? 니 거 안 서나! 야, 문디야!”

결국 나는 그 자리를 박차고 일어나고 말았고 민수 씨는 지금도 그때 이야기를 하며 정말 놀랐노라고 얘기한다. 자신은 개똥이나 문디라는 말보다도 내가 그렇게까지 흥분한 이유를 모르겠다는 것이었다. 다른 집에서도 큰언니나 큰누나가 나이 어린 동생들에게 그런 별칭들을 하나씩 붙여 주곤 하기 때문에 자신은 처형의 그런 태도가 그다지 문제되지 않는다는 태도였다. 하지만 나는 달랐다. 지금까지 내가 큰언니의 그런 안하무인격의 태도 때문에 얼마나 상처를 받았던가. 직접 당해 보지 않은 사람은 아마 절대 모를 것이다. 어쨌든 이런 과정을 거친 뒤에 민수 씨와 나는 결혼을 했고 그때부터 나는 철저히 큰언니를 외면했기 때문에 이전과 같은 상처에서는 어느 정도 벗어날 수 있었다.

그러던 어느 날 우리 7남 1녀 가족들은 아버지 칠순잔치를 맞아 모두 한자리에 모였다. 결혼한 형제자매들과 아이들, 그리고 친척들까지 있어서 잔칫날은 사람들로 무척이나 붐볐다. 그런데 마침 공교롭게도 큰언니 식구들과 우리 식구들이 같은 테이블을 쓰게 되었다. 나는 내심 불안했지만 그래도 잠깐 식사만 하는데 별일 있을까 하는 마음으로 자리에 앉았다. 하지만 그때 큰언니의 입에서 불꽃이 터져 나왔다.

"야, 이 문디 가스나야! 니는 왜 나한테 전화 한 통 없노? 결혼하면 다가? 내가 니를 지금까지 얼마나 귀여워했는데, 니가 이럴 수 있나?"

"큰언니, 제발 이러지 마. 오늘은 아버지 칠순잔치고 다른 사람들도 많이 있잖아. 오늘만큼은 좀 참아 주면 안 돼?"

"이 똥강아지 같은 가스나가 큰언니를 가르칠라 카나? 니가 언제부터 이렇게 컸노? 야, 이 문디야, 내가 니한테 이런 대접 받을 만큼 잘못했더나? 정말 니 이러면 안 된다, 안 돼."

"큰언니야, 왜 이러는데. 제발 좀……."

큰언니는 갑자기 울기 시작했다. 그 울음소리가 얼마나 컸던지 갑자기 주변 사람들이 우리 테이블을 향해 고개를 돌렸다. 나는 서럽게 우는 큰언니를 부축해서 식당 앞 벤치로 데리고 나갔다. 그리고 그날만큼은 큰언니와의 문제를 해결해야겠다는 마음을 굳게 다졌다.

"큰언니, 오늘처럼 큰언니가 서럽게 우는 것은 처음 봤어. 큰언니의 마음을 모두 다 이해하지는 못한다 해도 대충은 알 것 같아. 잘 기억은 나지 않지만 어렸을 때 큰언니가 나를 정말 귀여워해 줬다는 건 알아. 몸무게도 많이 나가는 나를 매번 업어 주고, 누가 장난쳐서 내가 울기라도 하면 당장 달려가 때려 주기도 했지. 그런 큰언니가 정말 믿음직스럽고 고마웠어."

"문디 가스나가 옛날 얘기는 왜 꺼내나."

"하지만 큰언니 나 지금 정말 많이 아파. 어디냐고? 가슴이 아파. 내 가슴속에 있는 심장을 연결하는 핏줄이 하나도 없이 끊어진 것처럼 아프단 말이야. 큰언니가 나를 문디라고 부를 때마다, 똥강아지나 개똥이라고 부를 때마다 가는 실핏줄이 하나씩 끊어지는 것 같았어. 큰언니 이거 알아? 나는 큰언니가 정말 좋아. 하지만 그만큼 큰언니가 나를 문디라고 부르는 게 싫어."

"……."

"요 몇 년간 큰언니가 얼마나 보고 싶었는지 몰라. 큰언니는 내가 의도적으로 피한다고만 생각했겠지만 내가 사진첩을 볼 때마다 가장 먼저 찾는 사진은 큰언니하고 둘이 찍은 사진이야. 내가 그랬지. 제발 문디라고 부르지 말라고. 하지만 큰언니는 그걸 예사로 듣고 넘기고는 나한테 윽박지르기만 했잖아. 큰언니, 나는 더 이상 어린애가 아니야. 나도 이제 서른이 넘었고 결혼한 어른이라고."

"……."

"큰언니, 내가 큰언니를 자주 만날 수 있도록 제발 내 이름을 불러 줘. 나를 조금이라도 생각한다면 내 이름을 불러 달라고. '정숙아' 하고 말이야."

"정숙아……."

"큰언니!"

"정말 미안하다. 니가 그렇게까지 고민하고 있을 줄은 몰랐다. 알다시피 나는 엄마 대신 너희들을 기르다시피 했다 아이가. 그러다 보니 다 너무 귀엽고 예뻐서 나도 모르게 별명을 하나씩 붙여 주었다 안 카나. 그중에서 문디, 아니 정숙이 너는 정말 예뻤다 아이가. 어렸을 때는 어느 정도 자라기 전까지 이름을 부르면 안 된다는 얘기가 있다. 니 언니 중에도 그렇게 죽은 애가 있었고 그래서 나도 니 이름을 부르면 안 되는 줄 알았다. 그렇게 시간이 자꾸 흐르면서 내 입에는 니 본래 이름보다도 문디라는 이름이 익숙해져 버렸다."

"뭐 내 위에 언니가 한 명 더 있었다고?"

"그래, 너보다 두 살 위의 언니가 있었지. 가도 그렇게 귀엽고 예쁠 수가 없었는데 너거 언니들이 그렇게 이름을 부르고 자빠지더니 어느 날 갑자기 복통으로 죽고 말았다 아이가. 그것만 생각하면 나도 가슴이 아파 죽겠다."

"그런 일이 있었구나. 나는 거기까지는 몰랐어. 단지 정희 언니

하고 나이 차가 많이 나서 조금 이상하게 생각했을 뿐이었는데……. 하지만 큰언니, 내 부탁 하나만 들어줄래? 앞으로 나 큰언니한테 정말 잘할 거야. 내가 할 수 있는 거라면 정말 뭐든 해줄 거야. 그런데 지금처럼 큰언니가 나를 정숙이라고 불러 줬으면 좋겠어. 내가 바라는 건 그것밖에 없어. 이제 큰언니가 염려할 일은 없어. 나 이렇게 건강하게 잘 컸고 또 좋은 사람 만나서 결혼까지 했잖아. 큰언니 내 부탁 들어줄 거지? 응?"

"……. 정숙아, 마 이제 나도 늙었는갑다. 누가 이렇게 얘기하면 벌써 버럭 소리부터 질렀을 텐데 그냥 얌전히 듣고 있는 거 보니 말이다. 알았다, 그렇게 할게. 앞으로는 혹시 실수로 문디나 개똥이라고 했으면 다시 정숙이라고 불러서라도 고치도록 해볼게. 대신 우리 집에 자주 놀러오고 나도 너한테 자주 연락할 거니까 그렇게 알아라!"

"당연하지, 큰언니가 나한테 어떤 사람인데!"

이렇게 우리 관계는 순식간에 회복되었다. 정작 아버지께서 칠순잔치를 맞으셨지만 그 잔치를 통해 가장 큰 기쁨을 얻은 사람들은 큰언니와 나였다. 이렇게 자녀들은 뜻하지 않은 상황에서도 부모님의 도움을 받고 자라는가 보다.

그때 관계가 회복되면서 우리는 요즘 조그만 일이 있을 때마다 서로 의논하고 함께 쇼핑하며 여가시간을 같이 즐긴다. 남들은 우리를 보며 그동안 어떻게 참았냐고 놀려 대지만 우리는 지금 이 순간이 한없이 고맙고 기쁘기만 하다. 비록 이제는 더 이상 들을 수 없겠지만 큰언니가 나를 위해 불러 주었던 그 이름들은 큰언니의 사랑이라는 이름으로 내 가슴속에 영원히 자리할 것이다.

사람들은 자신들의 약점을 노출시키려고 하지 않으며 상대방이 집요하게 그 약점을 드러내면 큰 모욕감을 느낀다. 그런데 어떤 사람은 상대방을 무시해서가 아니라 재미 또는 정겨운 표현이라고 생각하고 상대방의 약점을 드러내기도 한다. 하지만 바로 그 순간 상대방이 당할 고통과 아픔을 생각해야 한다. 관계 맺기에 있어서는 항상 '상대방 중심의 사고방식'을 붙들고 나아가야 한다. 나에게는 아무렇지 않을지라도 상대방이 자신의 약점이라고 생각하는 부분에 있어서는 침묵할 필요가 있다.

많은 불행은 난처한 일과 말하지 않은 채로 남겨진 일 때문에 생긴다. -도스트예프스키

세상에서 가장 못된 이기주의자

여동생이 오빠에게

오빠를 생각하면 배신감에 치가 떨린다. 부모님을 제외하고 단 하나밖에 없는 혈육이지만 오빠는 우리 모두에게 지울 수 없는 상처를 남겼다. 2억이나 되는 빚보증. 그것도 구멍가게를 하며 근근이 생활을 이어가고 있던 부모님에게 엄청난 심적 고통을 안겨 준 것이다.

그 일이 있기 전까지만 해도 오빠는 우리 집의 기둥이고 미래였다. 고등학교 때부터 동네 동기들과 후배들의 과외를 하며 학비를 충당할 정도로 오빠는 모든 면에서 뛰어났다. 전국 상위 1퍼센트에 들었던 것은 물론이고 리더십도 동기들에 비해 탁월했고 운동도 잘해서 동네에서 오빠를 모르면 간첩이라고 할 정도였다. 하지만 오빠는 서울대학교에 진학하지 않고 4년 장학금이 보장되는 사립대학교에 갔고 결국 교직원의 길을 걷게 되었다.

대학교에서 사무원으로 근무한다는 것은 겉보기에는 보잘것없게 보이지만 실상은 달라서 월급도 많았고 대우도 좋았다. 부모님은 오빠 때문에 이제 형편이 피게 되었다고 그렇게도 좋아했다. 하지만 이런 생활도 채 3년을 넘기지 못했다. 오빠는 친구가 하는 사업에 거액을 투자했는데 그게 모두 사채를 끌어다 쓰는 것이었다. 마냥 잘 나갈 것만 같았던 오빠 친구의 사업은 IMF 외환위기를 기점으로 추락하기 시작했고, 결국 오빠 친구가 어느 날 갑자기 연락을 끊으면서 비극적으로 막을 내렸다.

연대보증을 섰던 오빠는 졸지에 2억이나 되는 빚을 떠안게 되었고 그 비용을 충당하느라 부모님은 평생 숙원이던 내 집 장만을 포기하고 1억이나 되는 돈을 생짜로 쏟아 부어야 했다. 오빠도 3년 가까이 근무하면서 모아두었던 적금과 퇴직금까지 3,000만 원이나 되는 돈을 빚잔치에 쏟아 부었고 나도 2,000만 원의 결혼자금을 털었지만, 그래도 5,000만 원의 빚을 더 갚아 나가야 했다.

부모님은 이 일로 속병이 났고 당시 결혼을 앞두고 있던 나도 매일 밤 괴로움으로 몸부림쳤다. 오빠를 생각할 때마다 괜히 울화통이 터졌고 가슴속에 증오가 연기처럼 스며 나왔다. 차라리 오빠가 없었다면, 오빠가 처음부터 잘난 사람이 아니었다면 얼마나 좋았을까 하고 생각한 적이 한두 번이 아니었다. 하지만 현실은 현실이었다. 다른 사람이 대신 짊어져 줄 수도 없었고 모든 것을 우리가 감당해야 했다. 결혼할 즈음 남편은 불안 때문에 잔뜩 움츠러든 나를 보며 걱정스러워했다.

그런데 정작 더 큰 걱정거리는 바로 오빠였다. 오빠는 부모님의 마지막 소원을 한순간에 무너뜨리고 말았다는 죄책감에 사로잡혀 어쩔 줄 몰랐다. 한동안은 매일 혼자 방 안에서 술을 들이붓다시피 했다. 그 많던 친구관계도 다 끊고 세상 다 산 사람처럼 이불만 뒤집어쓰고 있었다. 나한테도 큰 죄를 지은 사람처럼 고개를 들지 못했고 혹시라도 부딪힐까 봐 노심초사했다.

"오빠, 방에 있어? 있으면 대답 좀 해!"

"……."

"그렇게 방안에만 틀어박혀 있다고 문제가 해결돼? 오빠가 이러고 있으면 엄마 아빠는 도대체 누굴 믿고 살라고 그래! 오빠가 저지른 일 때문에 지금 우리가 얼마나 힘든 줄 알아? 그런데 오빠는 방관자처럼 매일 술만 마시고 있으면 어떻게 하냐고!"

"……."

"오빠가 이러면 우리 모두 포기할 수밖에 없어. 그러면 정말 우린 다 끝인 거야. 오빠만 믿고 계신 부모님들 걱정은 안 돼? 제발 두더지처럼 그렇게 있지 말고 부모님도 좀 생각하란 말이야!"

"채연아……. 미안해. 나도 나 자신이 미워서 정말 견딜 수가 없어. 하지만 내가 할 수 있는 게 아무 것도 없잖아. 내가 조금만 더 능력이 있었다면, 내가 조금만 더 잘 판단했다면 부모님이 이런 고생을 하지 않았을 텐데. 나는 정말 이 세상에서 가장 쓸모없는 사람이라는 생각이 들어. 그런 생각이 나를 미치게 한단 말이야!"

"오빠, 제발 이러지 마. 누군 뭐 즐거워서 이렇게 돌아다니는 줄 알아? 나는 이제 결혼해야 한다고. 그런데 오빠 때문에 결혼자금 다 날렸어. 그런데 오빠는 뭐야! 여동생 입장은 한 번이라도 생각해 본 적 있어? 나는 아직 준혁 씨한테 이런 얘기 못했단 말이야! 너무 창피하고 분하고…… 그래서 울화통이 터져서 도저히 말을 못하겠어. 오빠가 술로 모든 것을 잊을 때 나는 고통 속에서 몸부림쳤단 말이야! 그러니까 제발 정신 좀 차려!"

"채연아……."

어린시절 그렇게도 다정하던 남매였던 우리들은 갑작스런 환경 변화로 인해 서로 닿을 수 없는 큰 담을 쌓고 말았다. 부모님에 대한 안쓰러움은 오빠에 대한 미움을 더 크게 했고, 오빠는 그런 마음을 알기 때문에 불효에 대한 죄책감과 나에 대한 미안함으로 인해 마음의 문을 굳게 닫아 걸었다.

하지만 이런 고민에만 빠져 있을 수는 없었다. 당장 누군가가 빚을 갚아야 했고 부모님이 구멍가게 하는 것으로는 절대 불가능했다. 오빠는 중소기업에 취직해서 다달이 얼마씩 갚아 나가고 있었지만 이자 갚기에 급급했기 때문에 직장에 다니는 내가 매달 얼마씩 도와주어야 했다. 그동안 집안의 기둥이었고 미래였던 오빠가 이제는 그야말로 천덕꾸러기로 전락하는 순간이었다.

오빠는 오로지 빚을 갚아야 한다는 의무감 때문에 다니기 싫은 회사를 억지로 다녀야 했고, 나 또한 남편 될 사람에게 우리 집안의 이런 비극적인 현실을 밝히지 못한 채 발을 동동 구르고 있었다. 부모님도 어느 누구에게도 이런 사실을 드러내지 못한 채 힘겨운 하루하루를 보내고 있었다.

그동안 오빠는 성격도 많이 변했다. 평소에 자신만만하던 오빠는 어느 순간부터 말이 없어지고 그렇게 활동적이고 적극적이던 성격이 내성적이고 소극적인 성향으로 바뀌고 말았다. 오빠는 회사에서 퇴근하면 자기 방에서 컴퓨터만 들여다보고 있었고 그렇지 않을 때는 멍하니 천장만 바라보고 있었다. 어느 때인가는 친구가 하는 다단계 업체에 나가겠다는 것을 부모님이 극구 말려서 데려온 적도 있었다.

이렇게 모든 것이 엉망진창인 상황으로 몰려갈 즈음, 나는 드디어 결혼을 코앞에 두게 되었다. 지금까지 남편은 이런 사실을 모르고 있었는데 결혼이 다가올수록 나는 불안했다. 오빠에 관한 얘기를 하면 혹시 그가 결혼하지 말자고 할지도 모른다는 생각에 그에게는 비밀로 하고 있었지만 더 이상은 내 양심이 허락하지 않았다. 그가 나를 믿는 만큼 나도 그에게 정직해야 한다는 생각이 결국 내 입을 열게 했다.

"자기야, 나 할 말이 있어. 내 말을 듣고 자기가 어떤 반응을 보이든 다 이해하는데 한 가지만 기억해 줘. 내가 이 세상 누구보다도 당신을 사랑한다는 거."

"뭐야, 괜히 가슴이 뛰잖아. 나 겁나게 하지 말고 빨리 말해 봐. 다 들어줄 테니까."

"우리 오빠 있잖아, 얼마 전에 사고를 쳐서 빚을 졌어. 처음에는 2억이었는데 지금은 5,000만 원 정도 남았어. 우리 부모님이 버시는 걸로는 도저히 감당이 안 되서 지금 오빠하고 나하고 조금씩 분담해서 갚고 있거든. 아마 우리가 결혼하더라도 내가 조금씩 계속 갚아 나가야 할 거야."

"……."

"이렇게 늦게 말해서 미안해. 하지만 두려웠어. 자기가 나를 떠날지도 모른다고 생각하니 도저히 입이 떨어지지 않았어."

"자기야, 자기는 나에 대한 믿음이 그렇게 없어? 내가 어디 자기 돈 보고 결혼하자고 했어? 그거 아니잖아. 자기가 어떤 상황이든 그건 내 문제이기도 해. 자기 식구들이 어떤 처지든 그건 내가 함께 기뻐하고 아파할 문제이기도 하다는 거야. 걱정하지 마. 우리 혼수를 조금 줄이더라도 일단 빚부터 먼저 갚도록 해보자."

"자기야……."

"내가 자기한테 프러포즈할 때 기억 안 나? 자기를 있게 해준 모든 것을 다 사랑한다고, 이제 그 사랑을 나한테 매일 나눠 줄 수 없냐고 했던 거. 그건 처남의 빚까지 다 포함된 거야. 그리고 앞으로는 자기 남편을 보잘것없는 사람으로 만들지 말고 무슨 일이 있으면 가장 먼저 이야기하기다!"

"알았어, 정말 고마워!"

이렇게 우리는 행복한 결혼을 했고 남편의 배려로 짧은 기간 내에 남은 빚을 모두 청산할 수 있었다.

요즘 오빠는 자신의 진로에 대해 다시 고민하고 있다고 했다. 자기가 정말 잘할 수 있는 게 뭔지, 그리고 그것을 통해 자신이 남은 인생에서 어떤 모습으로 살아갈 수 있을지 날마다 궁리한다는 것이다. 예전처럼 혼자 지내지도 않고 사람들도 만나고 다니며 외국어 공부도 다시 시작했다고 하니 왠지 마음이 편안해졌다.

아직 오빠와 완전히 화해한 것은 아니지만 가끔 이런 생각을 해 본다. 만일 내가 오빠와 같은 상황에 빠졌다면 오빠는 나에게 어떻게 해주었을까. 답은 간단했다. 오빠는 자기가 가진 모든 것을 나에게 주었을 것이다. 그걸로 내가 안전할 수 있다면 모든 것을 포기하면서도 전혀 아까워하지 않았을 것이다. 그러고 보면 나는 정말 못된 이기주의자다. 오빠가 어떤 사람인지 알면서도 나는 나의 괴로움과 고통만을 생각하고 아파했다. 정작 오빠가 겪을 어려움은 생각조차 하지 않으면서…….

기회가 되면 오빠에게 내 마음을 고백할 것이다. 그때는 정말 미안했다고. 비록 오빠한테 받은 만큼은 아니겠지만 나도 오빠를 신뢰하고 사랑한다고. 그리고 앞으로도 그럴 것이라고.

이해한다는 것은 속상한 감정이 없어진다든지 현실적인 문제가 해결되었다는 것과 같은 말이 아니다. 문제가 해결되지 않은 채로 있을 수도 있고 감정적으로 안정할 수 없는 부분이 여전히 남아 있을 수도 있다. 그럼에도 불구하고 자신의 생각을 긍정적으로 바꾸는 것이 바로 이해다. 사람들이 고민하는 이유는 환경 그 자체보다 그 환경을 해석하는 것에서 나오는 경우가 많다. 내가 피해를 입은 것에 몰두하는 것보다 그 피해의 감정이 남아 있더라도 그것을 합리적으로 생각해 보라. 그러면 감정에서 벗어나는 시간을 단축시킬 수 있을 뿐만 아니라 상대방을 감정적으로 이해할 수 있게 될 것이다.

진실로 즐거움을 주는 것은 소박한 것들이다. 소박한 것들은 위대한 진리에 다가가 있기 때문이다. –에드워드 바흐

벼랑 끝에서 되찾은 동생

오빠가 여동생에게

다혜를 처음 만난 것은 내가 여섯 살 때였다. 비록 내가 어리기는 했지만 너무 충격적인 순간이었기 때문에 내 기억에 남아 있는 것 같다. 그것은 바로 다혜가 새엄마와 함께 우리 집에 온 날이었다.

세 살배기 아기였던 다혜는 내가 보기에도 무척이나 예뻐 보였다. 멜빵바지를 입고 새엄마 손을 꼬옥 잡은 다혜는 마치 천사가 날아다니듯 이리저리 가볍게 뛰어다녔다. 나는 그때 다혜를 처음 봤지만 마치 처음부터 같이 살았던 사람처럼 친근감이 느껴졌다. 친동생처럼 말이다.

그렇게 우리는 한 가족이 되었고 행복한 시간들만 계속되었다. 하지만 영원할 것만 같았던 우리 가족의 행복은 내가 고등학교 3학년 때 아버지의 사업이 부도가 나면서 나락의 길로 떨어지고 말았다. 아버지는 사업 실패에 대한 충격과 빚쟁이들의 빚 독촉 때문에 집을 나가셨고 어머니는 우리 남매를 데리고 남몰래 산동네로 이사를 가야만 했다.

다혜는 한참 감수성이 예민한 시기인 중학교 3학년 때 이런 일을 겪은 터라 심리적으로 무척이나 위축되었고, 그토록 활발하고 명랑하던 성격은 어디론가 다 사라져버렸다. 어머니는 매일 식당에 나가 주방보조로 일해야 했고 나도 수업을 마친 뒤에는 편의점 아르바이트를 하며 생활비를 충당해야 했다.

그때 나에게는 오로지 '다혜를 지켜야 한다.'는 단 한 가지 생각밖에 없었다. 어머니와 나는 집을 오래 비워야 했기 때문에 혼자 생활할 다혜를 생각하며 항상 걱정하곤 했다. 하지만 어머니와 나의 간절한 바람에도 불구하고 다혜는 어느 순간부터 비뚤어지기 시작했다. 그게 아마 다혜가 반 아이들에게 심각한 따돌림을 당하던 시점부터였던 것 같다.

다혜가 옷이 온통 더러워지고 머리카락이 헝클어진 채로 돌아온 적이 있었다. 그날은 토요일이었는데도 다혜는 공부한다고 도서관으로 향했다. 하지만 다혜는 도서관에까지 찾아온 아이들에게 얻어맞고 머리를 뜯겨 심한 상처를 안고 돌아와야 했다. 그런 동생의 모습을 보면서 내 가슴은 쪼개질 듯 아팠지만 당시 내가 할 수 있는 건 아무 것도 없었다.

어느 정도 다친 부분이 치료되면서 다혜는 본격적으로 불량서클에 가입했다. 공부를 열심히 해서 어머니와 오빠 고생시키지 않겠다던 당찬 다혜는 간 데 없고, 자기를 보호해 주는 아이들과 함께 어울려 다니면서 더 약한 아이들의 돈을 갈취했다. 나는 그런 다혜의 모습을 보며 엄청난 충격을 받았고 그 아이에게 그만두라고 매일 설득했다. 하지만 늘 구박받고 따돌림 당하던 예전의 모습으로 돌아가고 싶어 하지 않았다.

"오빠, 앞으로는 내 생활에 절대 간섭하지 마. 나는 아이들한테 따돌림 당하고 두들겨 맞던 예전보다 지금이 훨씬 즐겁고 편해. 그런데 왜 내가 다시 예전처럼 바보같이 살아야 하지? 오빠라면 그렇게 하겠어?"

"다혜야, 이러면 안 돼. 아빠하고 엄마도 생각해야지. 아빠가 이런 사실을 아시면 얼마나 마음 아파하시겠니!"

"흥, 가족을 버리고 도망간 사람은 더 이상 신경 안 써. 그리고 어차피 상관없잖아. 친아빠도 아닌데."

"뭐? 너 그게 무슨 소리야? 친아빠가 아니라니? 누가 그런 말도 안 되는 소리를 했어!"

"내가 뭐 바보인 줄 알아? 이곳으로 이사하기 전에 아빠하고 엄마가 하는 얘기 다 들었어. 나는 아빠하고 피 한 방울 안 섞인 남남이라는 거. 그러고 보니 오빠도 나하고 아무 상관없는 사람이잖아. 그러니 이제는 나한테 신경 좀 끊어 줘!"

다혜는 이렇게 일방적으로 말을 끊고는 집을 나가 버렸다. 하지만 그 아이는 그런 식으로 집을 나갔다 들어오기를 반복하다가 중학교를 졸업한 뒤에는 집을 나가 영영 돌아오지 않았다. 나는 새엄마와 함께 다혜를 찾기 위해 6개월 동안 백방으로 수소문했지만 소용없었고 결국 가출신고를 하는 것으로 마무리했다.

그런 와중에 새엄마는 화병으로 앓아 누우셨고 나는 지인의 소개로 미용 일을 배우게 되었다. 처음에는 남자가 고작 여자들 머리 만지는 일을 하는 게 부끄럽기도 하고 마음에 걸려 썩 내키지 않았지만, 일을 배우다 보니 나름대로 재미있는 부분이 많아 나도 모르게 깊이 빨려 들어갔다.

다혜가 가출한 지 3년째 되던 해에 나는 어느 정도 안정적으로 헤어디자이너 일을 할 수 있게 되었고 직장에서도 나름대로 인정받는 사람이 되어 있었다. 그동안은 친척들의 도움으로 집안 살림을 겨우 꾸려 나갔었지만 이제는 경제적으로 자립할 정도가 되었다. 생활이 안정되면서 다혜 생각이 더 많이 났다.

'이제 스물한 살이 되어 어엿한 숙녀가 되었을 텐데. 도대체 지금 어디서 뭘 하니, 다혜야. 엄마도 나도 이렇게 찾고 있는데 왜 돌아오지 않는 거니!'

하지만 하늘은 이런 우리 모자의 간절한 바람에도 다혜를 우리에게 데려다주지 않았다. 그렇게 시간이 흘러 다시 1년이 지났을 때였다. 나는 강남의 이름난 미용실에 스카우트되었는데, 그 첫날 나는 충격적인 상황을 목격한 것이다. 그 아이가 술집 여종업원이 되어 나타난 것이다.

미용실 문을 열고 들어오는 여자가 유난히 낯이 익어 머리 손질하던 일을 잠시 잊고 그녀를 멍하니 바라보았다. 틀림없는 다혜였다. 나는 충격으로 인해 가위를 떨어뜨린 채 다혜에게 달려갔다.

"다혜야, 너 다혜가 맞지!"

"아니, 이 사람이 왜 이래? 당신 나 알아? 나는 하니야, 서하니. 갑자기 뚱딴지같이 무슨 짓이야!"

"아니야, 너는 다혜야, 내 동생 곽다혜! 엄마하고 내가 얼마나 찾았는데 이게 도대체 뭐야!"

"이거 놔, 놓으란 말이야! 당신 사람 잘못 봤어. 이 미용실 오늘 왜 이래? 사람 귀찮게 하는 것도 정도가 있지."

"다혜야!"

그렇게 다혜는 미용실 문을 박차고 나가 버렸다. 하지만 나는 다른 사람들에게 물어 다혜가 일하는 곳을 찾아갔다. 이번만큼은 다혜를 그냥 내버려두지 않겠다고 굳게 마음먹고 있었기 때문에 어떤 것도 두렵지 않았다. 다행히 다혜는 업소에 강제적으로 붙들려 있는 것은 아닌 듯했다.

"다혜아, 나야 오빠야!"

"……."

"그때 너를 그렇게 보내는 게 아니었는데……. 정말 너무 미안하다. 다 오빠 잘못이야!"

"착각하지 마. 나는 지금이 편해. 돈 잘 벌고 즐기고 싶은 대로 즐기고. 여기서는 뭐 하나 부족한 게 없어. 그 지긋지긋한 가난도 잊은 지 오래야. 그런데 정말 우습네. 오빠라는 사람이 나를 다 찾고 말이야. 진작 인연이 끊어진 줄 알았는데."

"다혜야, 너하고 내가 비록 아무 혈연관계가 없다고 하지만 우리는 그동안 부모님 슬하에서 남매로 컸어. 나는 너를 단 한 번도 내 동생이 아니라고 생각해 본 적이 없단 말이야. 지금이라도 늦지 않았어. 이제는 오빠를 믿고 따라와 주면 안 되겠니? 엄마도 기다리고 계셔. 다혜, 네 얼굴 한 번이라도 보고 싶다면서 매일 밤 울고 주무신단 말이야!"

"……. 나 일이 바빠서 그만 가 봐야 해."

"다혜야, 그러지 말고 엄마 보러 집에 한 번만 와. 내가 여기 바뀐 주소 놓고 갈게. 이건 내 명함이고. 엄마가 기다리고 있다는 거 잊지 마."

다혜는 가 버렸지만 그 아이의 얼굴에서 나는 일말의 가능성을 보았다. 엄마 이야기를 할 때 살짝 안색이 변했던 것은 다혜의 마음에 아직도 엄마에 대한 애정이 남아 있다는 것을 보여주는 것이었다. 그러던 어느 날 거짓말처럼 다혜가 왔다. 비록 술에 만취한 상태였지만 의식은 누구보다도 또렷한 것 같았다.

"오빠, 아직까지도 우리 오빠 맞지? 그게 유효하다면 말이야, 오늘은 나한테 시간 좀 내줘야겠어. 난 말이야 지금까지 큰소리 뻥뻥 쳤지만 정말 죽고 싶은 심정이었어. 죽으려고 손목을 그은 적도 두 번이나 돼. 하지만 용기가 없었어. 죄 많은 목숨이라도 부지하고 싶었던 모양이지."

"다혜야, 그래 이 오빠가 다 들어줄게. 뭐든지 다 들어줄게."

"나 이 생활 그만두고 싶어. 정말이야. 진작부터 그랬지만 내 옆에는 아무도 없더라고. 다들 날 이용하려고만 했지 도와주려는 사람은 없었어. 맞아, 지금까지 우리 가족을 얼마나 저주했는지 몰라. 나를 왜 찾지 않는지 왜 그냥 가출하도록 내버려 두었는지 원망도 많이 했어. 하지만 힘들 때마다 떠오르는 건 가족들 얼굴뿐이었어."

"맞아, 우리도 그랬으니까. 지금까지 네가 집을 나간 뒤로 한 번도 음식이 제대로 넘어간 적이 없었으니까. 엄마도 마찬가지고. 하지만 이제는 오빠가 다혜 널 보호해 줄 거야. 아무도 해치지 못하도록 할 거야."

"오빠! 미안해, 정말 미안해."

"다혜야……."

이렇게 다혜는 우리 곁으로 다시 돌아왔다. 술집 일도 청산하고 이제는 나에게 미용일을 배우며 하루하루 웃으며 지내고 있다. 아빠와 엄마가 다른 아이들이라면 한 번쯤 겪을 만한 일을 다혜는 죽음과도 같은 고통의 터널을 통과하는 것으로 치러냈다. 하지만 앞으로는 그런 터널을 다혜가 혼자 지나도록 내버려두지 않을 것이다. 내가 한 발자국 앞서 가며 그 모든 위험을 먼저 겪는 한이 있더라도 내 동생 다혜를 지켜 줄 것이다.

집을 나가서 이미 만신창이가 된 동생에게 윤리적인 잣대만 들이댄다면 그는 집으로 돌아올 수 없었을 것이다. 사회의 규범과 가치, 그 중에서도 윤리를 지키는 것은 매우 중요하다. 하지만 윤리적인 정답을 기계적으로 알려주는 것으로는 상대방의 변화를 기대하기 어렵다. 윤리적인 것보다 중요한 것은 마음으로 느낄 수 있는 사랑이다. 가족의 구성원으로서 무조건적인 사랑이 전제될 때 그는 자신의 잘못과 문제를 개선해야겠다는 생각을 갖게 된다. 잘못한 사실에 대한 지적보다는 '그래도 사랑한다.'는 식으로 마음의 문을 열어야 한다.

어떤 일을 할 수 있고 해야 한다고 생각하면, 길이 열리게 마련이다. –링컨

부·부·관·계

당신 기억 안 나요?
우리 평생 함께 살기로
약속했잖아요!

마음에 있는 분노를 표출하지 않으면 외형적으로는 싸움이 이루어지지 않아 문제가 해결되는 것 같다. 참는 것도 우리가 살아가는 데 필요한 매우 중요한 자세 가운데 하나다. 하지만 분노에 대한 억압이 심해지면 심각한 마음의 병이 될 수 있다. 무조건 참는 것이 다 좋은 것은 아니며 적절하게 자기 표현을 해야 한다.

당신과 나, 그래도 함께 살아야 할까?

남편이 아내에게

이제 다음 달이면 벌써 결혼 5년째다. 그동안 우리 부부는 정말 파란만장한 시간을 보냈다. 사랑이 모든 것을 해결해 줄 것 같았던 연애시절을 마감하고 결혼에 골인했을 때, 우리는 정말 세상을 다 가진 것처럼 행복했다. 하지만 그런 마음은 결코 오래 가지 않았다. 결혼하고 한 달째 되던 때부터 아내와 나는 삐걱거리기 시작했다. 이혼하는 사람들은 다들 '성격 차이' 때문에 도저히 함께 살 수 없어서 갈라선다고 한다. 하지만 그런 성격 차이라는 문제가 우리 부부에게도 적용될 줄은 꿈에도 몰랐다.

나와 결혼하기 전에, 아내는 처가집의 가장 역할을 하던 억척 생활꾼이었다. 아내가 고등학생이었을 때 장인어른이 사업에 실패하는 바람에 아내는 고등학교를 마치자마자 직장에 취직해야 했다. 아내는 그렇게 직장생활을 하면서 사이버대학을 다니게 되었고, 바로 거기서 나를 만났다.

아내를 처음 봤을 때 인상은 마치 어떤 어려움이 닥치더라도 넉넉히 이겨낼 수 있을 것처럼 강렬했다. 아내의 가족은 부모님과 남동생까지 모두 네 식구였고, 우리 쪽은 부모님과 우리 오남매까지 모두 일곱 식구였다. 그중에 나는 막내아들이었다.

나는 모든 일에 적극적이고 세상을 긍정적으로 바라보는 아내의 성격이 좋았고, 아내는 다정다감하면서도 미래에 대한 꿈을 갖고 사는 나를 마음에 들어 했다. 우리는 처음 만났을 때부터 6개월 동안 한 번도 빠지지 않고 계속 만났고, 결국 결혼을 결심했다. 누가 결혼하자고 얘기한 것도 아니었지만 우리는 서로 많이 사랑하고 이만큼 만나 왔으니 당연히 결혼해야 하는 것으로 생각했다.

그렇게 해서 만난 지 8개월 만에 결혼하게 된 우리는 신접살림을 허름한 다세대 주택에서 시작했다. 아내는 억척스럽게 직장생활을 했지만 정작 처갓집 식구들을 부양했기 때문에 최소한의 자금밖에 마련할 수 없었다. 나 또한 직장생활을 시작한 지 2년밖에 되지 않아 상당 부분 부모님께 의지할 수밖에 없었다. 그래도 우리는 작은 보금자리에서 평생 행복하게 살자고 손가락을 걸고 약속했다. 그 약속이 한 달 만에 삐걱거리리라고는 생각지 못하고 말이다.

아내는 장인어른이 사업에 실패하기 전까지만 해도 남부럽지 않게 살았다고 한다. 넓은 마당이 있는 이층집에 살면서 가정부까지 둘 정도였고 앞날에 거칠 것이 없을 것처럼 보였다. 하지만 불행은 예기치 않게 찾아왔다. 장인어른이 친구의 보증을 섰는데, 그가 막대한 빚을 지고 도주하는 바람에 근 20억 원이 넘는 빚을 물어주게 된 것이었다. 게다가 마침 협력업체의 줄 도산으로 장인어른의 회사도 영향을 받게 되면서 돌아오는 어음을 막을 수 없게 되었다.

이렇게 되어 장인어른의 회사는 공중 분해되었고, 처갓집 식구들은 친척집으로 전전하며 큰 고초를 겪었다고 한다. 이런 어려움을 함께 겪으면서 처갓집 식구들의 유대관계는 놀랄 만큼 탄탄해졌다. 비록 지금까지 아내가 처갓집의 실질적인 가장 역할을 해왔어도 그 누구도 장인어른을 무시하거나 무능하다고 비난하지 않은 것을 보면 가족들의 돈독한 관계를 짐작할 수 있었다.

하지만 우리 집 내력은 처갓집과는 많이 달랐다. 일단 우리 부모님은 시장에서 과일장사를 하시면서 억척스레 가정을 일구어 오셨다. 자녀가 다섯이나 되었지만 모두 대학에 보낼 정도로 부모님의 생활력은 강했으며, 특히 부모님은 자녀들 중에서 공부를 잘했던 나에게 많은 기대를 걸었고 그만큼 정성을 다해 키워 주셨다. 여기에 누나나 형들은 전혀 거부반응을 보이지 않았고 당연하게 받아들였다. 그 뒤에 나는 명문대 법대에 진학했고 비록 고시에는 패스하지 못했지만 대기업에 입사해 비서실에서 일하면서 제법 촉망받는 사원으로 인정받고 있었다.

우리가 처음 다투게 된 날을 기억한다. 어쩌면 그냥 넘어갈 수도 있는 문제였는데 일이 커진 것이다.

"규철 씨, 내일 아빠하고 엄마랑 친척들이 함께 모이는데 우리도 가야 되는 거 알지?"

"무슨 소리야, 갑자기?"

"내가 며칠 전에 얘기했잖아, 목요일 저녁에 외삼촌 생신이라 친척들이 모두 모인다고."

"……."

"내 말 안 들려? 갈 거지, 응?"

"내가 가장 싫어하는 게 뭔지 알아? 이런 식으로 마음대로 정해 놓고 강제로 오라는 거야. 나는 그런 모임에 끌려가고 싶지 않다고. 나를 그렇게 몰라? 그리고 나는 그 모임에 대해 들은 적도 없어."

"당신 이럴 거야? 설사 내가 말하지 않았다고 쳐. 그렇다고 나 혼자 가라고? 결혼한 지 얼마나 됐다고 사위 없이 장인, 장모를 그런 모임에 혼자 가시게 해. 당신 정말 자기만 아는 사람 아냐?"

일이 이쯤 되자 상황은 걷잡을 수 없이 확대됐다. 나는 문을 쾅 닫고 집을 나가 버렸고 아내는 밤새 울었다고 한다. 하지만 그때까지만 해도 아내에 대한 최소한의 의무감은 있었기에 얼굴에 냉랭한 빛을 띤 상태였지만 처외삼촌 생신 잔치에 얼굴을 내밀었다. 아내는 내심 고마워하면서도 내 표정을 보고는 어제의 앙금이 사라지지 않은 것을 눈치 챘다. 그 사건부터 우리 부부 사이는 틈이 생기기 시작했다. 아내는 틈만 있으면 나를 공격했는데 특히 내 성격을 걸고 넘어졌으며, 그것은 곧 인격적인 모독으로 이어졌다.

"당신, 옷 왜 안 걸어 놔? 퇴근했으면 옷 걸어 놔야 할 것 아냐!

누군 뭐 집에서 밥만 해? 나도 힘들고 피곤해 죽겠단 말이야. 당신 이러는 거 보면 어떻게 컸는지 대충 알겠다. 어머님이 오냐오냐 하면서 키웠지?"

"또 시작했군. 그래, 오늘은 어디까지 가나 한번 보자. 당신 나를 잘 아는 것 같은데 정말 대단해! 어디 나를 한번 분석해봐. 해봐!"

"당신이란 사람, 이제 지긋지긋해. 자기가 저질러 놓은 거 하나라도 치우는 거 있어? 설거지를 한번 해, 빨래를 개? 당신이 집안일에 손대는 거 있으면 말해 봐."

"그래, 그렇게 나오면 나도 그동안 꾹 참고 있었던 걸 얘기하지. 당신 무거운 거나 컴퓨터 프로그램 못 다루는 거 있으면 항상 나한테 부탁했지? 당신이 그 잘난 회사에서 외국어 팩스나 문서가 도착했을 때 그거 다 나한테 떠넘긴 건 뭐야? 내가 가기 싫어하는 거 뻔히 알면서 처갓집에는 가겠다고 미리 다 말해 놓고, 나한테는 통보식으로 얘기했을 때도 기분 나빴지만 다 갔어. 솔직히 옷 챙겨 걸고 설거지 몇 번 하는 거 내가 안 했다고 이렇게 인격적인 모독까지 받는다면 나보다 당신이 더 문제 있는 거 아냐? 당신은 내가 나만 아는 사람이라고 하지만, 당신이야말로 당신만 아는 이기주의자 아냐?"

이렇게 피터지게 말다툼이 오고가면 늘 마지막에는 똑같은 이야기로 끝마치게 되었다.

"그럼 우리 이혼하자, 이렇게 살 바엔 차라리 갈라서는 게 나아."

"좋지, 대환영이야! 언제 할까? 날짜만 잡아!"

우리는 두 사람 다 큰소리는 쳤지만 정작 서류를 내밀지는 못했다. 그나마 서로에게 조금이나마 미련이 남아서일까? 그러다가 예기치 않은 일이 벌어졌다. 어머니가 자궁암 진단을 받고 입원하신 것이다. 한창 회의 중이었는데 휴대전화가 울렸다. 익숙한 번호의 주인공은 형이었다. 지금 어머니가 자궁암 때문에 수술을 해야 한다고 내려오라는 것이었다.

나는 어차피 아내와 사이도 그렇고 하니 나 혼자 내려가려고 회사에 월차를 냈다. 솔직히 아내한테 말한다 하더라도, 미운 남편을 낳아 준 사람의 간병을 어찌 즐거운 마음으로 할까 하는 생각 때문이었다. 어머니가 입원한 병원으로 갈 채비를 하려고 집에 들렀더니 아내가 대뜸 이렇게 묻는다.

"당신, 어머니 입원하셨다고 왜 나한테 이야기 안 했어?"

"나도 방금 전화 받았어."

"나도 내려갈 거야. 짐은 싸 놨어. 아이는 외갓집에 맡겨 놨고."

"……. 당신 괜찮겠어? 나하고 사이가 이렇게 안 좋은데도 우리 어머니를 간호하겠다니 사실 조금 놀라워."

"그래도 아직 나는 당신 아내야. 그리고 이건 당신 때문이 아니라 어머님 때문에 가는 거잖아. 어머님이 나를 얼마나 예뻐하셨는데. 나는 어머님만 생각하면 가끔 눈물이 날 때도 있어. 정말 어머님만 아니었으면 당신하고 벌써 이혼하고도 남았을 거야."

"……."

"빨리 내려가자. 아주버님하고 형님 기다리시겠어."

이렇게 아내와 나는 고향으로 향했다. 내려가는 길에 우리는 많은 이야기를 나눴다. 그동안 우리가 서로에게 얼마나 큰 상처를 주며 살았는지, 그리고 그때마다 얼마나 괴로웠는지 가슴 저린 얘기들을 끄집어냈다. 나는 아내에게 이렇게 말했다.

"당신, 지금까지 참고 살아줘서 정말 고마워. 내가 완전히 바뀌지는 못하겠지만, 정말 열심히 노력해 볼게. 지금까지는 내가 당신한테 많은 것을 주고 있다고 생각했나 봐. 사실은 더 많은 것을 받고 있었는데도 말이야. 이제부터는 하루에 5분이라도 당신만 생각하는 시간을 가져 볼게. 당신이 하는 일과 당신을 아는 사람들, 그리고 당신에 대해서."

"안 준 게 뭐가 있다고 그래. 지금 이렇게 나한테 주고 있잖아, 당신의 마음을. 몇 년 동안 열어 주지 않았던 당신의 마음을 다시 열어 보여 줬잖아. 난 그걸로 만족해. 하지만 당신, 하루에 5분은 꼭 나만 생각해야 돼! 하하하."

이렇게 우리 부부의 갈등은 뜻하지 않은 사건을 맞이하면서 극적으로 해결되었다. 나는 요즘 직접 옷도 정리하고 빨래도 개며 가끔씩 설거지도 한다. 하지만 그런 일들은 아직도 대부분 아내가 하고 있다. 하지만 하루 5분간 나는 아내만 생각하겠다는 그 약속은 2년째 지키고 있다. 나는 이 약속만큼은 평생 지켜 아내가 24시간 5분만큼 행복해질 수 있도록 할 것이다. 아내와 영원히 함께!

부부싸움은 대부분 배우자가 자기 마음을 알아주지 않는다는 불신에서 비롯되는 경우가 많다. 부부란 모든 면에서 자기 편이 되어 주고 자기를 이해해 주길 바라는 바라봄의 기대치가 높다. 하지만 그것이 외면당한다고 생각할 때 실망하게 되고 냉전 또는 열전이 일어난다. 이런 싸움에 돌입하면 어느덧 처음 발단이 되었던 문제는 간 데 없고 서로의 인격을 마구잡이로 공격하는 말과 행동을 서슴지 않게 된다. 부부에게 가장 필요한 것은 문제의 해결책을 말하는 것보다 상대방의 마음을 알아주려는 데 일차적인 관심을 가지는 것이다. 투정의 대부분은 해답을 달라는 것이 아니라 나를 알아달라는 신호다.

행복해지는 비결은 쾌락을 얻으려고 한결같이 노력하는 것이 아니라 노력, 그 자체 속에서 쾌락을 찾아내는 것이다.

–앙드레 지드

아들 같은 남편 모시고 살기

아내가 남편에게

나보다 13살 많은 남편을 만난 것은 지금부터 7년 전의 일이다. 내 나이 열아홉에 시골에서 무작정 상경해 구로동에 위치한 허름한 공장에서 일을 시작했을 때 남편은 총무과 주임으로 일하고 있었다. 인적사항이랑 기타 이력서를 작성하고 제출하느라 남편과 몇 차례 면담을 하게 되었는데 그게 우리가 부부로 맺어지는 계기가 되었다.

그는 유난히도 숫기가 없고 순진하기만 하던 나를 눈여겨보았고, 나는 나이 차이가 많이 나는 그를 큰오빠처럼 편하게 여겼다. 그는 다른 여공들에게도 항상 친절했고 편하게 대했기 때문에 인기가 많았고 그때까지만 해도 나는 그와 부부가 되리라고는 생각지도 못했다. 공장 식당에서 만나면 괜히 옆자리에 앉아 이런저런 이야기를 하며 웃어 주긴 했지만, 고등학교를 갓 졸업하고 세상물정을 거의 모르던 나로서는 편한 오빠 이상으로 생각되지 않았다.

그렇게 6개월이 지난 어느 날 그는 나에게 슬쩍 데이트 신청을 했다. 영화 티켓 2장을 공짜로 얻었는데 같이 보러 갈 사람이 없다는 것이었다. 솔직히 나는 거절할 이유가 없었다. 공짜로 영화를 볼 수 있다는 것도 좋았지만, 그가 싫지 않았기 때문에 못 이기는 척하고 승낙한 것이다.

그와 나는 이렇게 첫 데이트를 했고 저녁식사까지 함께했다. 그런데 그는 굳이 혼자 가도 된다는 나를 자취방까지 데려다 주겠다고 했다. 왠지 모르지만 그가 하자는 대로 하고 있는 나를 보면서 당혹스럽기도 하고 부끄럽기도 하고 그랬던 것 같다. 어쨌든 그는 결국 내 자취방 앞까지 나와 동행하게 되었다.

그러고 나서 막 헤어지려던 순간 그는 나에게 프러포즈를 했다.

"옥희야, 너를 처음 봤을 때부터 사랑했다. 솔직히 너를 본 뒤부터는 일이 손에 잡히지 않았어. 다른 여자도 눈에 들어오지 않았고. 나도 나 자신에게 놀랄 정도였어. 내가 이렇게 조그맣고 아이 같은 여자애를 사랑하게 될 줄은 정말 몰랐으니까. 하지만 이제 더 이상 숨길 수가 없어. 아니, 숨기지 않을 거야."

"오빠……. 우리 이러면 안 되잖아요. 우린 나이 차도 너무 많이 나고 또 서로 모르는 게 너무 많아요. 오빠가 좋아해 주는 건 고맙지만 못 들은 걸로 할게요. 계속 이러시면 저는 더 이상 공장에 못 다녀요."

"서로 사랑한다면 나이 차이는 문제가 되지 않아. 서로에 대해 모르는 건 지금부터 알아가면 되는 거고. 단 한 가지 알아줬으면 하는 건, 내가 너를 진심으로 사랑한다는 거야. 앞으로도 그럴 거고. 이거 하나만 믿고 따라와 주면 안 되겠니?"

"그러면 저에게 시간을 좀 주세요. 일주일 뒤에 말씀드릴게요."

그렇게 우리는 헤어졌고 일주일 뒤에 나는 그와 교제하기로 결정했다. 적어도 그가 나쁜 사람이 아닌 이상 사귀는 것은 괜찮다고 판단한 것이다. 하지만 그렇게 6개월을 사귄 뒤에 우리는 딱 1년 만에 결혼에 골인했다. 가난이 싫고 부모의 간섭이 싫어 뛰쳐나온 나의 삶을, 안정적인 기반을 다진 그를 통해 보상받고 싶었는지도 모르겠다.

결혼한 뒤에 나는 사장님의 배려로 인근 공장의 사무보조로 자리를 옮겼고, 그 뒤부터 지금까지 25년째 같은 회사에서 근무하고 있다. 그동안 그 어렵다던 IMF 위기도 잘 넘기고 회사에 다니며 야간대학을 졸업하고 경리 일을 배워 지금은 결제 관련 업무를 책임지는 역할을 맡고 있다.

그동안 나와 내 주변에 적지 않은 변화가 있었다. 남편과의 사이에서 남매가 태어났고 지금은 아들이 스물다섯 살, 딸이 스물세 살이 되었다. 내 성격도 예전에는 순하고 착하기만 했었지만 이제는 괄괄하면서도 급하게 바뀌었고, 직원들과 함께 어려운 시기를 넘기면서 왕언니 역할을 하다 보니 나름대로 리더십도 생겼다. 하지만 나는 인생에서 가장 힘든 시기를 맞고 있었다.

남편이 다니던 회사를 갑자기 그만둔 것이다. 총무부장으로 회사의 모든 거래를 빈틈없이 총괄하던 그였지만, 사장이 삼십대 초반의 아들을 총무이사로 임명하면서 그는 심한 배신감을 느꼈다. 평생 한 회사를 위해 일해 왔고 자기 회사처럼 생각해 온 그로서는, 새파랗게 젊은 사람 밑에서 일하라는 지시에는 도저히 승복할 수 없었다. 자존심에 엄청난 상처를 입은 남편은 한 달 내내 입에 술을 달고 지내더니 결국 사표를 던지고 말았다.

예상치 못한 시기에 직장을 떠나게 된 남편은 한동안 충격에서 헤어나지 못했다. 일주일 동안은 마치 세상이 멸망한 것처럼 아무 말도 하지 않고 죽은 듯이 있었다. 그러다가 열흘쯤 되었을 때 나에게 대화를 요청했다.

"당신 잠깐 얘기 좀 할 수 있어?"

"안 그래도 기다리고 있던 참이에요."

"이제 내가 무엇을 할 수 있을까? 일주일 동안 꼬박 그 생각뿐이었지만 아무리 생각해도 답이 안 나와. 창피하기도 하고 분하기도 하고……. 뭐라고 표현하기 힘들 정도로 나 스스로가 바보같이 느껴져."

"당신이 지금까지 가족을 위해 얼마나 열심히 살아왔는지 우리 모두 잘 알고 있어요. 부끄러워할 필요도 없고 힘들어할 필요도 없어요. 이제 내가 당신보다 한 발자국 앞에 서서 운전대를 잡을게요. 걱정하지 마세요."

당시 내가 직장생활을 하고 있지 않았다면 우리 가정은 정말 힘든 시간을 보냈을 것이다. 하지만 그나마 내가 돈을 벌고 있었기 때문에 남편의 실직 당시의 암울한 상황을 조금씩 비켜 갈 수 있었다. 하지만 남편은 내가 직장에서 어떤 상황에 처해 있는지 전혀 모르고 있었다.

남편의 실직을 알게 된 직장동료들은 겉으로는 안타까운 표정을 지었지만 은근히 나를 무시하는 태도를 보였다. 그 전까지만 해도 대모 노릇을 하며 거리낄 게 없던 나였지만, 밥벌이를 하기 위해 사장이나 경영진에게 이견을 달 수 없는 처지가 되었다. 심지어 남편이 실직한 지 1년쯤 되었을 때 나는 총무부에서 창고 관리직으로 발령받는 수모를 겪었다. 당시 회사에서는 근속연수가 오래되어 월급이 많은 나 같은 사람을 이런 식으로 정리했다. 하지만 나는 그런 회사 정책에 굴복하지 않고 끈질기게 일했다.

하지만 집에 오면 회사에서 겪은 스트레스가 배가 되어 나를 덮쳤다. 남편은 집안일은커녕 자기 손으로 라면 하나 끓여 먹을 줄 몰랐고, 회사에 붙어 있기 위해 늦게까지 일하고 들어오는 나에게 늦게 들어온다는 이유로 큰소리를 질렀다.

그리고 남편은 좋아하는 낚시용품을 사기 위해 한 달 생활비의 절반 정도나 되는 돈을 요구하기도 했고, 집에 반찬이 없다고 밖에서 사 먹을 테니 용돈을 올려 달라고까지 했다. 나는 직장에서 사 먹는 밥값이 아까워 도시락을 싸가지고 다니고 있는데, 남편은 집에 있으면서 반찬 타령에다 외식을 하겠다고 돈까지 달라고 하니 그야말로 울화통이 터질 지경이었다.

어느 날, 퇴근했더니 남편이 안방을 엉망으로 만들어 놓은 상태였다. 애들은 새파랗게 질려서 아무 말도 못하고 서 있었고 남편은 술 냄새를 풍기며 소리를 지르고 있었다.

"여편네고 애 새끼들이고, 다 필요 없어! 내가 지들을 어떻게 먹여 살렸는데 나를 무시해? 그깟 용돈 좀 더 달라고 했다고 잔소리하는 여편네나, 아비를 본 체 만 체하는 새끼들이나 다 똑같아. 차라리 나더러 나가서 노숙이나 하라고 그래! 그게 더 마음 편하겠다, 이런 빌어먹을!"

"당신 지금 제정신이에요? 내가 지금 얼마나 힘들게 직장생활하고 있는지 아세요? 애들도 자기 학비 벌려고 아르바이트를 2개씩이나 하고 있는데 당신 입에서 '누가 누굴 무시하느니.' 하는 말이 나올 수 있냐고요! 나도 지금 직장에 겨우 다니고 있단 말이에요. 이렇게 얘기하는 동안에도 내 가슴은 피투성이가 되고 있는 거 모르죠?"

그때 지켜보던 아들 녀석이 끼어들었다.

"엄마, 제 생각에는 아빠한테 그런 식으로 얘기하면 안 될 것 같아요. 지금까지 아빠 때문에 집도 장만하고 우리가 대학까지 다닐 수 있었잖아요. 아빠 혼자 무거운 짐을 짊어지는 건 너무 무리한 요구예요. 엄마가 힘들다는 건 알지만 지금은 아빠가 엄마한테 기댈 수밖에 없잖아요. 아빠를 너무 공격하지 마세요."

"그래, 너 말 잘했다! 이제 컸다고 아빠 편드는 거냐? 엄마는 그동안 직장생활 안 했냐? 아빠하고 같이 벌었기 때문에 너희들 키우고 집까지 장만한 거야! 아빠 혼자 한 게 아니라고! 집에서 손도 까딱 안 하는 너희 아빠 시중드느라 엄마가 어떻게 살아왔는지 네가 더 잘 알 텐데 그런 소리를 해? 이제 보니 너도 결혼하면 마누라 잡을 녀석이구나!"

"뭐라고? 당신 정말 보자보자 하니까… …. 그럼 지금까지 내가 당신을 힘들게 하고 잡고 살았다는 얘기네. 이제 내가 늙어서 경제능력이 없다고 그런 식으로 막말해도 괜찮다고 생각하나 보지? 정말 이렇게 사느니 차라리 죽는 게 나을 것 같다. 더 이상 살고 싶지 않아."

남편은 그 말을 마치자마자 집을 나가 버렸다. 그동안 남편의 온갖 시중을 다 받아 주면서 현모양처 행세를 해왔지만, 사실 내 가슴은 '너무 힘들다.' 하고 외치고 있었던 것 같았다. 쌓였던 이야기를 밖으로 꺼내 속이 후련하긴 했지만, 내심 집을 나간 남편이 걱정이 되어 잠이 오지 않았다.

남편이 집을 나갔다는 얘기는 시댁식구들은 물론이고 어느 누구에게도 차마 할 수 없었다. 그동안 큰 다툼 한 번 없었던 우리 부부관계가 이렇게 금이 간 것을 절대로 알릴 수 없다는 생각 때문이었다.

그렇게 시간이 흘렀다. 나를 옥죄던 남편의 그림자가 없어지면 홀가분할 것 같았는데 뭔가 허전했다. 아이들도 말이 없다. 25년을 함께 살아왔기 때문일까. 그가 어디서 무엇을 하는지, 병에 걸리지는 않았는지, 다쳐서 어딘가에 쓰러져 있는 건 아닌지 점점 더 걱정이 되었다. 그러던 중에 지나간 세월의 흔적이 담긴 앨범을 꺼내 보게 되었다. 거기에는 남편과 만나 데이트를 하며 결혼한 뒤에 아이들을 낳고 기르던 모든 시간들이 빼곡히 담겨 있었다.

'내가 남편에게 너무 많은 것을 기대하고 바랐던 것은 아닐까. 너무 가까이 있어서 소중한 줄 모르고 살았던 건 아닐까.'

이런 생각이 들면서 갑자기 남편의 얼굴이 그리워졌다. 지금까지 불평 한번 하지 않고 성실하게만 살았던 남편을 너무 내 감정에만 치우쳐 몰아세운 건지도 모르겠다는 생각이 들었다.

2주가 지나 애들 고모에게서 연락이 왔다. 남편이 거기 있단다. 이제 내가 할 것은 분명해졌다. 우리 가족이 25년간 준비해 둔 선물들을 하나씩 꺼내서 같이 누리는 것이다. 더 많은 것을 모으려고 하기보다는 남편이 나에게 준 것들, 그리고 내가 남편에게 준 것들을 하나씩 꺼내 보며 서로를 향해 웃어 주는 것. 그것이야말로 우리가 지금 나눠야 할 모든 것이다.

마음에 있는 분노를 표출하지 않으면 외형적으로는 싸움이 이루어지지 않아 문제가 해결되는 것 같다. 참는 것도 우리가 살아가는 데 필요한 매우 중요한 자세 가운데 하나다. 하지만 분노에 대한 억압이 심해지면 심각한 마음의 병이 될 수 있다. 무조건 참는 것이 다 좋은 것은 아니며 적절하게 자기 표현을 해야 한다. 그 방법 가운데 하나가 상대방을 공격하지 않으면서도 자기의 감정을 이야기할 수 있는 '나-전달법'을 잘 활용하는 것이다. "당신이 집안 살림에 전혀 관심을 갖지 않는다고 느껴질 때마다 나는 한없이 우울해져요."와 같이 자기 마음을 표현해야 한다. 분노가 머리끝까지 차올라 도저히 참을 수 없는 상황이 되었을 때는 "지금 나는 폭발할 것 같거든요. 그러니 10분간 아무 말도 하지 않는 게 좋겠어요. 10분 뒤에 다시 이야기해요."라고 하면서 타임아웃을 선언하는 것도 좋은 방법이다.

사랑이란 서로 마주보는 것이 아니라 함께 같은 방향을 바라보는 것이다. -생텍쥐페리

집 나가는 아내

남편이 아내에게

모처럼 일찍 퇴근했다. 아파트 문을 열고 집 안으로 들어서면 퀴퀴한 냄새가 가장 먼저 코를 적신다. 여전히 아내는 돌아오지 않았다. 집을 나간 지 벌써 일주일째다. 그리고 이번이 벌써 15번째 가출이다.

아내가 상습적으로 가출한 것은 결혼하고 한 달쯤 되었을 때부터다. 부유한 집안의 무남독녀로 자라난 아내는 불편한 것을 못 참는 성격이었다. 연애할 때는 몰랐지만 아내는 자기 몸에 다른 사람의 손이 닿는 것에 대해 지독한 결벽증을 갖고 있었다. 심지어 남편인 내가 가끔씩 애정표현을 하기 위해 얼굴을 쓰다듬는 것도 죽는 소리를 하며 싫다고 했다. 아내가 첫 가출을 한 것도 바로 이런 나의 애정표현 때문이었다.

결혼한 지 3개월이 지난 어느 날 아침이었다. 나는 잠든 아내의 표정이 너무 평화로워 살짝 머리를 쓰다듬어 주었다. 그러자 아내는 소스라치게 놀라며 나를 급하게 밀어제쳤다. 솔직히 아내의 행동에 놀란 것은 정작 나였다.

"왜 이래! 자는 사람한테!"

아내는 다짜고짜로 고함을 질렀다.

"왜 그렇게 예민하게 반응해? 그냥 잠든 당신의 모습이 너무 사랑스러워서 그랬는데……."

"잘 들어둬! 나는 누가 내 몸에 손대는 게 너무 싫어. 왜 그렇게 나를 가만히 못 놔둬? 제발 좀 그냥 내버려두란 말이야!"

"……."

그날 밤 나는 아내와 화해하기 위해 장미꽃 한 다발을 사서 일찍 퇴근했다. 한참 벨을 눌러도 소식이 없어서 문을 열고 들어갔더니 아내는 몸이 좋지 않은지 누워 있었다. 나는 침대로 가 아내의 볼에 살짝 뽀뽀를 했다. 그러자 아내가 벼락 같이 소리를 지르며 고개를 들었다.

"당신 뭐하는 짓이야! 내가 그러지 말라고 했잖아! 내 말이 말 같지 않아? 나하고 헤어지고 싶어?"

"당신이야말로 왜 이래? 지금까지는 이러지 않았잖아. 갑자기 왜 이러냐고? 이유를 알아야 대처를 할 거 아냐!"

"그동안 내가 스킨십 참느라고 얼마나 힘들었는지 알아? 생각만 해도 진저리가 나! 이젠 더 이상 못 참는다고! 나한테 손만 대봐, 당장 나가 버릴 테니까."

나는 그런 아내를 달래려고 아내의 어깨를 잡았다. 그랬더니 아내는 결국 폭발하고 말았다.

"내가 그렇게 얘기했는데도 손을 댔다 이거지? 그래, 좋아! 내가 나가면 되겠네."

아내는 그렇게 짐을 싸더니 훌쩍 나가 버렸다. 가지 말라는 내 손을 뿌리치고 자기 차를 몰고 어디론가 가 버린 것이다. 그러고 나서 한 시간쯤 지났을까. 처갓집에서 전화가 왔다. 아내가 거기 있다는 것이다. 나는 곧바로 처갓집으로 가서 장인어른과 장모님에게 자초지종을 말씀드렸다.

"정말 죄송합니다. 몸에 살짝 손을 댔다고 집을 나가 버릴 줄은 몰랐습니다."

"자네 마음 다 이해하네. 얘가 원래 누가 자기 몸에 손을 대는 걸 끔찍이도 싫어하네. 우리는 자네가 그 사실을 다 알고 결혼하겠다는 줄 알았네."

"사실 조금 미심쩍은 구석은 있었지만 이렇게 심각한지는 몰랐습니다. 단지 약간 히스테리가 있는 정도로만 생각했었죠."

"얘는 부모인 우리가 손을 대도 질겁하던 애라네. 몸이 아프거나 우울할 때는 하루 종일 자기 방에서 이불 뒤집어쓰고 꼼짝도 하지 않았지. 우리도 저 애가 말없이 집에 들어와 자기 방에서 꼼짝도 하지 않을 때는 아예 노크도 하지 않았네."

"정말 심했군요."

"하지만 그건 좀 예민했을 때 얘기고, 평소에는 그렇게 밝을 수가 없었지. 아마 자네도 저 애의 그런 모습에 반했을 테고."

"그랬었죠, 하지만 말씀을 듣고 보니 제가 앞으로 어떻게 아내를 대해야 할지 조금 막막합니다."

"조금만 이해하려고 노력해 주지 않겠나? 부탁하네. 민경이를 정말 감싸 주고 받아 줄 사람은 이제 자네뿐이야."

하지만 문제는 거기서 끝나지 않았다. 반도체 기업의 연구원이었던 나는 TFT에 들어가게 되면서 일정 기간 동안 밤낮이 바뀐 생활을 하게 되었다. 자연히 낮에 아내와 함께 지내는 경우가 생기게 되었는데 아내는 이런 나에게 대놓고 자기에게 아무 것도 기대하지 말라는 투로 나왔다.

아침과 점심을 알아서 챙겨 먹으라는 말은 약과였고, 아예 낮에는 자기가 없다고 생각하라는 것이었다. 자기는 방에서 안 나올 테니 그냥 가만히 놔 두라는 것이었다. 왜 그러냐고 물어봤더니 자기는 낮에 남편이 집에 있는 게 창피해서 견딜 수 없다는 것이었다.

이런 아내의 모습을 보며 오히려 내가 우울증에 걸릴 지경이었다. 아내는 조금이라도 자기 마음에 안 드는 일이 있으면 친정으로 가 버렸고, 나는 연례행사처럼 달려가 아내를 데려와야 했다. 그렇게 1년을 보낸 것이다.

처음 서너 번은 아내가 예민해서 그러려니 했다. 하지만 5번을 넘어서자 내 속에 아내를 미워하는 마음이 생기기 시작했다. 아내는 도저히 이해하기 힘든 사람이었다. 자기 몸에 손도 못 대게 하다니. 그러려면 도대체 결혼을 왜 했나!

생각이 여기까지 미치자 더 이상 참을 수 없다는 생각이 들었다. 앞으로는 가출하지 않겠다는 확실한 약속을 받든지, 아니면 갈라서든지 둘 중에 하나를 선택해야 했다. 친정에 간 아내를 억지로 다독여 데려온 뒤에 나는 아내에게 최후통첩을 했다.

"당신, 이러려고 나와 결혼한 거야? 도대체 당신 집이 어디야? 여기야 처갓집이야! 나도 이제는 더 이상 못 참겠으니까 두 가지 중에 선택해. 아예 여기서 갈라설까, 아니면 이제부터 가출 안 할래? 기다릴 힘도 없으니까 지금 빨리 대답해!"

"당신이 뭐 잘한 게 있다고 큰소리야! 월급을 많이 갖다 줬어, 살갑기를 해? 나한테 제대로 사랑고백을 한 적도 없잖아. 아빠가 땅부자라서 나를 오냐오냐 키워 버릇이 없어졌다고 우리 집안을 모욕한 건 생각 안 나? 당신은 항상 자기만 생각하지?"

"그렇다고 해서 가정주부가 걸핏하면 집을 뛰쳐나가는 게 정상이라고 생각해? 지금까지 당신이 몇 번이나 가출한지 알아? 열네 번이야, 열네 번!"

"누군 가출하고 싶어서 가출한 줄 알아? 뭐 헤어질 생각은 하지 않은 줄 알아? 하지만 지금 여기서 헤어지면 내 인생이 초라하고 불쌍하게 보여서 도저히 그럴 수 없었어. 나 알지? 누구보다 자존심 센 거. 다른 사람들한테 이혼녀라는 소리 들으며 살 수는 없어!"

아내의 얘기를 들으며 나 스스로를 돌아보았다. 비록 농담 삼아 한 얘기였지만 처갓집 식구들에 대한 얘기가 아내를 이렇게나 힘들게 했을 줄은 몰랐다. 전형적인 한국 남자의 성격이라 아내에게 좀 더 살갑게 대하지 못하고 자상하게 챙겨 주지 못한 것도 가슴을 뜨끔하게 했다.

하루 동안 곰곰이 생각하면서 느낀 것은, 결국 아내에게 모든 책임을 돌릴 수 없다는 것이었다. 누가 먼저 원인을 제공했든지, 나한테도 절반의 책임이 있다는 사실을 그때서야 깨달은 것이다.

아직까지 아내의 마음이 완전히 회복된 건 아니지만, 오늘 퇴근해서 아내에게 이렇게 말해 보려 한다.

'정말 미안하다고, 당신을 좀더 아껴주지 못하고 감싸주지 못해서 미안하다고. 지금이라도 용서해 준다면 당신을 위해 뭔가 하고 싶다고.'

아내가 마음을 열 때까지, 아내가 한 발자국 다가올 때까지, 아프더라도 무릎으로 아내에게 나아가 보려고 한다. 다른 무엇보다도 소중한 사랑하는 아내를 위해…….

가정에서 식구들 간의 피부 접촉은 매우 중요하다. 대화가 없는 가정과 접촉이 없는 가정일수록 서로의 관계가 서먹하고 일상적인 수준을 벗어나지 못하는 경우가 많다. 사랑한다는 표현과 함께 살며시 손을 만지거나 어깨를 두드리면 아이들은 부모의 사랑을 느낌으로 확인하게 되고 부부 간에도 사랑이 돈독해진다.

만지는 것을 거부하는 아내를 대할 때 남편은 심각한 분노와 고통과 절망감에 사로잡힐 수 있다. 남편은 이런 아내를 갑자기 바꾸려고 하거나 자기가 하고 싶은 대로 대하기보다는, 아내의 마음 깊은 곳에 어떤 두려움이나 좋지 않은 기억이 없는지 조심스럽게 확인하면서 시간이 걸리더라도 조금씩 그 불안감을 줄일 수 있는 환경을 만들기 위해 노력해야 한다. 아내의 입장에서는 자신이 왜 접촉을 거부하는지 스스로를 가만히 들여다보며 원인을 찾아보고, 그것을 혼자 해결하려고 하기보다는 남편과 부단히 대화하면서 자신의 상태를 투명하게 보여 주기 위해 노력해야 한다. 그러고 나서 사랑하는 사람들 사이의 신체 접촉이 좋은 것이라는 인식을 갖기 위해 단계적으로 노력하면서 남편이 접촉할 수 있도록 조심스럽게 시도해야 한다.

남이 나에게 해 주길 바라는 바를, 네가 남에게 해 주리라.

–영국 격언

남편은 도신

아내가 남편에게

평소에 사람 좋기로 소문난 남편은 친구들이나 직장 동료들 집안의 결혼식이나 장례식에 빠지는 일이 없었다. 한 달에 서너 번은 보통이고 어떤 경우에는 주말마다 행사에 참석할 때도 있었다. 그런데 문제는 그때마다 외박을 하는 것이었다. 그것도 감당 못할 고스톱을 치면서 말이다.

남편이 도박을 좋아하는 것은 결혼 전에는 전혀 몰랐던 사실이다. 단지 그가 친구가 많고 워낙 발이 넓어 그게 매력적으로 느껴졌을 뿐 문제가 될 만한 부분은 전혀 발견하지 못했었다. 그런데 남편은 신혼여행을 다녀온 지 2주 만에 친구 결혼식에 참석해서는 외박을 하고 말았다.

처음에는 너무 황당하기도 하고 아직 남편을 정확하게 파악하지 못했던 터라 적당히 타박을 하는 식으로 넘어갔다. 하지만 외박이 상습적으로 계속되면서 내 인내심은 한계를 드러냈다. 아무리 신혼이었지만 도저히 참을 수가 없었던 것이다.

“자기 도대체 나랑 결혼했어, 아니면 친구들이랑 결혼했어! 이번이 몇 번째 외박인 줄 알아? 일 때문에 밤을 새는 것도 아니면서 왜 가기만 하면 외박을 하냐고!”

“자기는 친구 없어? 오래 사귄 친구가 얼마나 소중하다는 건 자기도 알잖아. 자기가 이러는 거 알면 친구들이 어떻게 생각하겠어! 제발 좀 이해해 주라.”

“몰라! 나 이제 더 이상은 못 참겠어. 앞으로 한 번 만 더 외박하면 그때는 나도 생각이 있으니까 알아서 하라고!”

이렇게 윽박지르면 세 번 외박할 게 한두 번으로 줄었다. 하지만 곧 원상태로 돌아가 남편은 친구들에게는 영원한 우정을 바치면서 아내인 나에게는 불신의 장벽만을 점점 더 높이 쌓아가고 있었다.

하지만 이보다 더 큰 문제로 불거진 것은 남편의 도박이었다. 나는 일주일에 두 번씩 남편의 용돈이 떨어질 즈음에 채워 주곤 했는데, 꼭 결혼식이나 장례식에 갔다오면 남편 지갑은 여지없이 두툼해져 있었다. 심지어 나는 남편이 별도의 통장을 관리하는 건 아닌지 의심하기까지 했다. 하지만 진실은 다른 곳에 있었다.

그는 소문난 고스톱 왕이었다. 모든 카드 형태의 놀이가 그렇듯이 자기 패와 상대방의 패를 읽고 다음에 뭐가 나올지에 대한 것까지 고려하는 수 싸움에 남편은 탁월한 재능을 갖고 있었다. 일단 시작했다 하면 사람들의 돈을 모두 긁어모으는 편이라, 남편이 행사에 참석하느라 외박을 하는 날이면 오히려 내가 남편에게서 얼마를 챙겨도 될 정도였다.

하지만 남편이 고스톱으로 만족하지 못하면서 문제는 커지고 말았다. 남편은 자신이 무슨 '도신(賭神)'이라도 되는 것처럼 생각했고 결국 카지노에까지 진출했다. 처음에는 가족들과 함께 관광 삼아 들렀는데 그곳의 분위기가 매우 인상적이었던지, 남편은 주말이면 아이와 나를 남겨 두고 새벽부터 카지노로 향했다. 그러다가 월요일 새벽까지 카지노에서 보내고는 곧바로 회사로 직행했다.

그렇게 좋아하던 친구들이나 동료들과의 고스톱은 더 이상 안중에 없었다. 그에게는 오로지 카지노의 번쩍거리는 장식과 배경만이 눈에 가득 차 있을 뿐이었다.

이렇게 도박과의 아슬아슬한 동거가 계속되면서 나는 남편을 설득하기도 하고 경고하기도 했지만 아무 소용이 없었다.

"도박과 우리 가족 중에 하나만 선택해!"

"애를 봐서라도 이러면 안 되잖아. 당신 이런 사람 아니잖아!"

"더 이상은 못 참겠어. 당신이 무슨 도박 신이라도 돼? 결국 다 잃고 말잖아! 이러다가 우리 다 망한다고!"

남편과 나의 갈등은 우리가 집을 장만하려고 들었던 정기적금을 남편이 몰래 깨면서 최고조에 이르렀다. 나는 우리의 꿈이 담긴 적금통장을 아무 상의도 없이 깬 남편이 너무 미워서 아이를 데리고 친정으로 가 버렸다. 남편은 통사정을 했지만 나는 여기서 헤어지든지 아니면 남편을 원래대로 바꾸든지 결정을 내려야 했다.

결국 남편은 주말을 가족과 함께 보내고 더 이상 카지노에 출입하지 않겠다는 각서를 쓰고서야 가족을 만날 수 있었다. 하지만 나는 남편의 도박중독이 이렇게 쉽게 고쳐질 것이라고는 생각하지 않는다. 다만 한 가지 분명한 것은 남편이 힘들 때 내가 그 옆에서 그를 도와줘야 한다는 것이다.

"부부가 되면 결혼식 때 했던 서약은 눈 녹듯이 잊어버리는 경우가 대부분입니다. 기쁨과 슬픔을 함께 나누고 검은 머리가 파뿌리가 되도록 함께하겠다던 맹세는 신혼여행지에 모두 던져 버리고 오는 것이지요. 하지만 오늘 경민 군과 성은 양은 서로가 가장 힘들어하는 순간에 옆에 있어 주길 바랍니다. 절대 서로에 대해 포기하지 마세요. 서로를 사랑하는 만큼 고통도 함께하는 것이 바로 진정한 부부관계입니다."

나는 힘들 때마다 결혼식 주례를 들어보곤 한다. 그리고 주례 선생님이 말씀하셨던 "기쁨과 슬픔을 함께 나누는 것"의 의미를 되새겨 본다.

비록 지금 남편이 도박의 덫에 걸려 있지만, 나는 남편을 결코 포기하지 않을 것이다. 나의 진심을 보여 주고 결코 자기 곁을 떠나지 않겠다는 확신을 심어 줄 것이다. 단순히 뭔가를 기대하기 때문이 아니다. 내가 알지 못하는 어느 힘든 시기에 남편 또한 내 옆에 있어 주었을 것이고, 앞으로 내가 힘들 때 남편이 내 옆에 넉넉히 자리할 것이기 때문이다.

도박의 문제는 전문적이고 장기적인 치료가 절실하게 필요하다. 도박에 깊이 빠지는 것은 인간의 고독에서 파생되는 허무감과 공허감에서 도피하기 위한 것이다. 도박을 무조건 말릴 것이 아니라 그의 허무감을 메워 줄 수 있는 사랑의 분위기를 만들어 주면서 전문적인 치료를 받도록 이끌어 주어야 한다.

희망은 절대로 당신을 버리지 않는다. 다만 당신이 희망을 버릴 뿐이다. −리처드 브리크너

아내가 가장 원하는 것

남편이 아내에게

세상에서 가장 힘든 문제가 부부 간의 성격 차이라는 사실을 아내가 가출한 요즘 절실히 깨닫고 있다. 가장 가까운 무촌이면서도 이혼서류에 도장 하나만 찍으면 즉시 남남이 될 수 있는 모래성과 같은 관계가 바로 부부 사이라는 사실을 말이다.

아내와 나는 맞선으로 만난 지 5개월 만에 결혼했다. 당시 서른다섯 살의 노총각이었던 나는, 웬만큼 조건이 맞고 상대 여성이 나를 싫어하지만 않는다면 당장이라도 결혼할 생각이었다. 그렇게 만난 사람이 바로 나와 일곱 살 차이가 나는 지금의 아내였다.

처음 3개월 동안은 서로에 대해 알아가는 단계였고 나머지 2개월은 결혼 예물과 식장, 그리고 집을 얻는 데 보냈다. 서로 결혼을 합의한 마당에 아내를 위해 로맨틱한 분위기를 만들어 주거나 선물을 준비하는 것 등은 나에게 사치로만 느껴졌다. 우리는 그렇게 푸닥거리를 하듯이 정신없이 결혼에 골인했다.

하지만 시작이 빨랐기에 끝도 빨리 찾아온 것일까? 아내와의 성격 차이는 그나마 갖고 있던 결혼생활에 대한 기대를 여지없이 무너뜨렸다. 대학교를 졸업하기 전부터 법률사무소에 다니기 시작한 아내는 5년 가까이 사회생활을 하면서 나름대로 자기 세계를 구축한 상태였다. 똑 부러지는 성격 탓에 끊고 맺는 것이 분명했고 회사에서도 나름대로 능력을 인정받고 있었다. 그런데 처음에는 그런 아내의 성격이 무척이나 마음에 들었는데 결혼한 뒤에는 그게 결정적으로 나를 힘들게 하는 요소로 다가왔다.

전기기술자인 나는 아내보다 나이도 많고 직장에서 일한 기간도 길기 때문에, 아내에게 조금이라도 도움이 될까 싶어 일이나 대인관계에 대해 여러 가지로 조언을 했다.

"대인관계를 칼 같이 명확하게 하는 것도 좋지만 조금은 빈틈을 보여 줄 수도 있잖아. 당신처럼 바늘로 찔러도 피 한 방울 안 나올 것처럼 나오면 누가 좋아하겠어."

"남자직원들은 모두 자존심이 세기 때문에 후배라 해도 반말은 하지 마."

그런데 어느 날 아내가 나에게 갑자기 폭탄선언을 했다. 다시는 이런 식으로 자기를 가르치려고 하지 말라는 것이다. 나는 남편한테 무슨 그런 건방진 말을 하느냐며 큰소리를 냈고 결국 대판 싸움을 하고 말았다.

"내가 뭐 당신 동생이야? 왜 자꾸 그런 식으로 나를 가르치려고 하지?"

"아무래도 내가 인생 경험이 많으니까 그렇지. 지금까지 가만히 있다가 왜 이래?"

"당신이 그랬지! '대인관계에서 빈틈을 보여 주라고.' 그리고 '남자직원들은 자존심이 세다고.' 그런 말은 여자한테도 통하는 거야. 나도 마찬가지라고. 왜 집에서까지 그렇게 직장생활처럼 나를 부하직원 다루듯이 하는 거지? 나한테도 자존심이 있어! 나는 당신과 대등한 당신 아내지 부하직원이 아니란 말이야!"

"당신, 아주 작정하고 나오는구나! 그래 어디 그동안 속에 꼭꼭 숨겨 둔 얘기 있으면 모두 해봐. 그러고 나서 다시는 이따위 일로 나를 힘들게 하지 말고!"

그런 일이 있고 난 뒤부터 아내는 직장에서 늦게 퇴근했고 아예 저녁을 먹고 들어오는 일도 많았다. 남편 저녁도 차려 주지 않느냐며 이야기했더니 자기가 밥 차려 주는 사람이냐며 오히려 독설만 늘어놓았다. 그 뒤에도 몇 가지 사건이 더 겹치면서 결국 우리 부부는 결혼 3개월 만에 별거에 들어갔고, 아내는 친정에서 출퇴근하고 있다.

비록 그다지 기대하지 않은 결혼생활이었지만 상황이 이렇게 되고 보니 아내에 대한 미움도 크지만 나 자신에 대한 실망감과 패배감도 나를 힘들게 한다. 언뜻 내가 아내를 너무 몰랐다는 생각도 들고 아내에게 말하는 방식이 서툴렀다는 생각도 들지만 이제 아내는 나와 전혀 대화하려고 하지 않는다.

솔직히 아내는 내 진심을 모른다. 내가 자기를 얼마나 사랑하고 아끼는지……. 하지만 반대로 생각해 보면, 아내 또한 나를 사랑하기 때문에 나와 결혼했을 것이다. 자신의 판단을 믿고 후회 없는 선택을 했다고 확신했을 것이다. 또한 사회생활도 다른 누구 못지않게 했고 누구보다도 당당하고 자기 주장이 분명했다. 그랬기 때문에 나이 많은 사람과의 결혼을 결정할 때도 나에게 무작정 기대겠다는 생각이 아니라 대등한 동반자로 생각했을 것이다.

하지만 나는 아내가 나보다 나이가 많이 어리다는 이유로, 내 말을 들어야 하는 동생처럼 생각하곤 했다. 문득 내가 아내의 입장이었다면 어땠을까 생각해 보았다. 결코 유쾌하지만은 않았다. 아내는 내 지시나 도움이 필요했던 게 아니라 나와 대화하고 싶어 했고 내 의견을 듣고 싶어 했을 뿐이다.

생각이 여기에 미치자 나는 아내에게 진심으로 용서를 구해야겠다는 마음을 먹게 되었다. 그리고 아내와 얘기할 때는 무엇보다도 아내의 입장에서 생각하겠다고 마음먹었다. 아무리 아내를 사랑하더라도 그게 아내가 진정으로 원하는 방식이 아니라면 바꿔야 한다. 이런 마음으로 나는 우리의 소중한 하루하루를 다시 가꾸어 보려고 한다.

부부는 결혼과 동시에 나이와 관계없이 동반자이며 조력자가 된다. 그것은 말 그대로 어깨를 맞대고 기쁨과 슬픔을 함께하며 부부가 정한 길을 같은 호흡으로 걸어가는 것이며 동등한 위치에서 서로 도와주는 사람을 의미한다. 인생의 경험이나 지식의 정도가 다르다고 해서 한쪽이 다른 한쪽을 일방적으로 이끄는 것은 남편과 아내 모두에게 도움이 되지 않는다. 정작 결혼하기 전에는 눈이 멀어 있다가 막상 결혼하고 나서 상대방의 단점과 부정적인 조건들이 눈에 들어오는 것은 부부 관계에 치명적인 독약이 될 수 있다. 그러므로 자신이 상대방에게 인격적인 대우를 받고 싶듯이 상대방을 매순간 그렇게 대해 보라. 아마 부부가 싸울 일은 거의 없을 것이다.

먼저 나 자신 속의 평화를 지켜라. 그러면 다른 사람들에게도 평화를 가져다 줄 수 있다. -토마스 아 캠피스

결·혼·으·로·인·한·관·계

사랑하는 사람과 함께하면 모든 게 좋을 줄 알았는데

오해라는 것은 대화가 단절되고 본인 스스로 느낀 감정을 일방적으로 확신할 때 나타나는 경우가 많다. 사랑하는 마음을 놓지 않는다면 웬만한 일은 대화로 풀릴 수 있다. 사랑에 기초하지 않은 말은 생명력이 없다. 자신의 마음에 있는 진솔한 감정을 솔직하게 나눈다면 상대방의 진심을 확인하고 관계를 회복할 수 있게 될 것이다.

시엄마와 함께한 20년

며느리가 시어머니에게

나에게는 엄마가 두 분이다. 친정엄마와 시엄마. 친정엄마는 그렇다 치고, 시엄마와 장이라도 보러 가면 사람들은 영락없이 우리를 모녀관계로 본다. 그도 그럴 것이 팔짱을 끼고 말도 격의가 없고 유쾌한 표정을 지으며 시식코너에서 음식을 서로의 입에 넣어주는데 누가 시어머니와 며느리 사이로 보겠느냔 말이다.

올해가 결혼 20주년이 되는 해인데, 5년 전부터는 친정엄마보다 시어머니를 더 편하게 느끼게 되었다. 내 나이 이제 서른아홉. 결혼한 지는 꽤 되었지만 열아홉 나이에 결혼해서 친정에서 보낸 시간보다 시댁에서 보낸 시간이 더 많으니 그럴 수밖에.

남편과 나는 대학에 갓 입학했을 때 서로 첫눈에 반해 그때부터 불같은 사랑을 했다. 그 결과 나는 아기를 갖게 되었고 양가 부모님들은 결국 우리 두 사람을 결혼시키기로 결정하셨다. 그래서 나는 대학교 1학년 때 결혼해서 시집살이를 하며 학교를 다녔다. 이듬해에 낳은 아들은 시어머니가 키워 주셔서 나는 무사히 대학을 졸업할 수 있었다.

남편은 여동생 없이 삼형제의 둘째였다. 이른 나이에 결혼해서 남편도 나도 여러 가지 어려움이 있었지만, 서로를 격려하고 사랑했기 때문에 힘든 시기를 이겨낼 수 있었다. 졸업한 뒤에 남편은 대기업에 취직했고, 미술을 전공한 나는 당시만 해도 잘 알려지지 않은 미술놀이 학원을 열어 학생들을 지도했다. 그동안 나는 아들 하나에 딸 하나를 더 낳아 모두 삼남매의 엄마가 되었고, 그렇게 20년 동안 시집에서 시부모님을 모시고 생활하고 있다.

하지만 그동안 굴곡이 전혀 없었던 것은 아니다. 둘째며느리였지만 가장 먼저 시집온 사람으로서 사회생활과 집안일을 동시에 처리해야 했던 나는, 정작 고된 일보다도 시어머니와의 관계 때문에 한때 힘든 시간을 보냈다.

지금은 "엄마, 제 말이 맞잖아요!" 하며 허물없이 지낼 정도지만, 10년 전만 해도 우리는 서로 눈치 보기 바빴다. 겉으로는 내가 일방적으로 시어머니 비위를 맞추는 것처럼 보였지만, 사실 시어머니도 내 눈치를 꽤나 보셨을 것이다. 그도 그럴 것이 비록 혼전 임신으로 그다지 순리를 따른 결혼은 아니었지만, 아들 둘에 딸 하나를 낳아 키우며 인정받는 사회생활도 하고 집안일도 깔끔하게 처리하는 나였기에 특별히 흠 잡을 데가 없었을 것이다.

솔직히 결혼하고 처음 5년은 시어머니의 눈치를 보며 모든 결정을 시어머니의 성향에 맞추고 진행했다. 내 쪽에서 일방적으로 고개를 숙였기 때문에 특별한 갈등이 벌어지지 않았던 것이다. 하지만 5년이 지나 아주버님이 결혼을 하게 되면서 우리 고부관계는 묘하게 비틀어졌다.

시어머니는 아주버님과 동갑인 손위 동서를 무척이나 아끼는 눈치였다. 그도 그럴 것이 아주버님에 대한 시어머니의 사랑은 도를 지나칠 정도였으니 말이다. 아마 시어머니는 큰아들의 반려자가 누가 되었건 간에 애지중지 감싸주었을 것이다. 어쨌든 그때부터 나는 아무 이유 없이 시어머니의 눈 밖에 났고, 그 원인이 손위 동서에게 있다는 사실을 알게 되면서 나의 분노와 아픔은 점점 커져 갔다.

그러던 어느 날이었다. 시어머니가 속이 쓰리고 아프다며 죽을 끓여 달라고 하셨다. 그것도 다 같이 먹는 저녁을 마다한 채 누워 있다가 저녁 9시나 되어 무리한 요구를 하셨다. 나는 속으로 애지중지하는 큰며느리한테 시키지 왜 나를 하녀 부리듯 하느냐고 투덜대며 억지로 몸을 움직였다. 죽을 다 끓인 뒤에 시어머니에게 드시라고 하고 나서 내 방으로 갔다.

그런데 문제는 그 다음이었다. 쨍그랑 소리가 들리면서 시어머니의 외마디 비명이 들려온 것이다. 달려가 보았더니 죽을 담은 그릇이 깨지고 시어머니는 엎드려서 배를 끓어 안고 뒹굴고 있었다. 급히 남편에게 알린 뒤에 시어머니를 병원으로 모셨는데 진단 결과 위궤양이라고 했다.

의사는 평소에 시어머니가 밥을 먹을 때 이상한 조짐이 없었냐고 물어보았다. 그렇지 않아도 몇 개월 전부터 속이 안 좋다느니,

소화가 잘 안 된다느니 하면서 투정을 부리시던 일이 생각났다. 하지만 그게 위궤양의 징조인줄은 꿈에도 몰랐다. 큰아들 결혼 문제 때문에 신경 쓸 일이 많아 그런 것으로 생각했지 정작 몸에 이상이 있으리라고는 상상조차 못한 것이다.

어쨌든 이 일로 인해 누군가가 일주일 동안 병실을 지켜야 했다. 이상하게도 그동안 미운 정이 들었든지, 나는 다른 사람의 의견도 묻지 않은 채 학원 일을 잠시 쉬면서 시어머니의 수발을 들기 시작했다.

"어머니, 오늘 수술하면 다 괜찮아질 거예요. 걱정하지 말고 마음 편하게 가지세요. 아셨죠?"

"너는 학원 안 나가도 되니? 너희 아버지 식사도 챙겨야 하고 애들도 봐야 할 텐데 여기서 이러고 있으면 어떡하니?"

"걱정하지 마세요, 어머니. 일주일 동안은 모든 걱정 다 잊어버리시고 휴가를 받았다 생각하세요. 아버님은 저희들이 잘 챙길게요."

"……."

이렇게 일주일이 흘러갔고 시어머니는 퇴원을 했다. 마침 수술이 잘되어 정기적으로 검진을 받으며 다른 이상이 없는지 확인만 하면 된다고 했다. 퇴원한 뒤에도 나는 위에 좋다는 음식을 비롯해서 소화가 잘되는 음식들을 중심으로 식단을 짰고, 가급적 시어머니가 마음 편하게 지낼 수 있도록 최선을 다했다.

식구들은 다들 이상하게 생각했을지도 모른다. 그들은 평소에 시어머니가 나를 어떻게 대했는지 알고 있었기 때문에, 내가 시어머니를 정성껏 모시는 것을 보며 퍽이나 이상하게 생각했을 것이다. 사실 나 자신도 내 모습이 이상하게 느껴질 정도였으니 말이다.

그렇다고 해도 시어머니와 편안한 관계가 된 것은 아니었다. 손위 동서와도 편하게 말을 주고받지 못했고 가족행사를 함께 준비할 때는 왠지 모르게 어색하고 거북한 느낌이 들었다.

그 뒤 가족들이 모두 자리를 비운 어느 날, 시어머니와 둘이서 식사를 하게 되었다. 식사를 마치고 시어머니는 모처럼 나를 쉬게 해주겠다고 직접 고무장갑을 끼셨다. 평소와는 다르다는 생각을 하긴 했지만 우리 두 사람이 바로 그날 새로운 관계를 맺게 되리라고는 생각지도 못했다.

설거지를 마친 시어머니는 과일까지 깎아서 함께 먹자고 했다. 그러고 나서 나에게 평소에 갖고 있었던 얘기 보따리를 풀어 내셨다.

"어미야, 그동안 내가 많이 밉고 힘들었지? 아마 누구라도 그렇게 느꼈을 거야. 나하고 15년 동안 함께 살아오면서 온갖 비위를 다 맞춰야 했으니 말이다. 나도 그러면 안 된다는 걸 알면서도 잘 안 되더구나. 너한테 잘해야 한다고 다짐하다가도 어느 순간 너를 힘들게 하고 있는 나를 보면서, 나 스스로에게 화도 많이 났었단다."

"어머니……."

"하지만 이번에 네가 나에게 최선을 다하는 모습을 보면서 더 이상 너한테 진실을 숨겨서는 안 된다고 생각했다."

"……."

"큰아이, 너한테는 아주버님이 되는 애 말이다. 그 아이는 어릴 때부터 발가락이 아파 고등학교를 졸업할 때까지 발가락을 붕대로 감고 다녔단다. 나중에 알고 보니 발톱을 수술하면 금방 나을 병이었어. 하지만 부모가 무식한 탓에 15년 가까이 애를 운동 한번 제대로 못하고 친구들과 놀지도 못하게 만들어 버렸지. 고등학교를 졸업하고 수술을 받아 낫긴 했지만 그것은 큰아이에게도 나에게도 지울 수 없는 상처가 되었다. 내가 큰아이에게 과할 정도로 신경을 쓰는 건 내 실수를 조금이라도 보상하고 싶은 마음 때문이었단다."

"어머니……."

"하지만 이제는 그 올무에서 벗어나기로 했다. 내가 그 기억 속에 붙잡혀 있는 것을 큰아이도 더 이상 원하지 않을 거라는 걸 알았기 때문이기도 했지만, 무엇보다도 너한테 더 이상 몹쓸 짓을 하고 싶지 않았기 때문이야. 이제부터라도 너한테 그동안 표현하지 못했던 시어머니의 사랑을 베풀며 살고 싶어. 바라는 것은 네가 나를 시어머니가 아니라 엄마처럼 생각하고 대해 주었으면 하는 거야. 갑자기 서로 편한 사이가 되는 게 쉽지는 않겠지만 지금까지는 네가 노력해 주었으니 이제는 이 엄마가 더 많이 노력하마."

"어머니, 저도 노력할게요!"

이렇게 어머니와의 관계가 회복된 지도 벌써 5년째다. 이제는 정말 서로 허물없는 사이가 되었고, 나는 친정엄마보다 더 편하게 시어머니를 대하고 있다. 그러는 동안 손위 동서와의 관계도 자연스럽게 회복되었다.

한 가지 분명한 사실은 남편과의 결혼은 내 인생에서 가장 큰 축복이었다는 사실이다. 비록 완벽하지는 않지만, 누가 나에게 행복한 시집살이의 비결을 묻는다면 이렇게 얘기해 주고 싶다. 지금 나와 함께 한울타리에 사는 사람들의 장점을 바라보며 그들을 위해 무엇을 할까 고민하는 것, 바로 그것이라고.

이해할 수 없었던 일도 대화하면서 그 속사정을 들어 보면 이해되는 경우가 많다. 오해라는 것은 대화가 단절되고 본인 스스로 느낀 감정을 일방적으로 확신할 때 나타나는 경우가 많다. 사랑하는 마음을 놓지 않는다면 웬만한 일은 대화로 풀릴 수 있다. 사랑에 기초하지 않은 말은 생명력이 없다. 자신의 마음에 있는 진솔한 감정을 솔직하게 나눈다면 상대방의 진심을 확인하고 관계를 회복할 수 있게 될 것이다.

늘 울타리 저편만 바라본다면, 그것은 울타리 안의 꽃들을 짓밟는 짓이다. –앤 윌슨 섀프

두 번째 시어머니와의 동거

며느리가 시어머니에게

정말 알 수 없는 게 인생이라지만 정작 내가 그런 삶을 살게 될 줄은 꿈에도 몰랐다. 대학을 갓 졸업하고 부모님의 성화로 선을 봐서 결혼했지만, 남편은 자기 어머니에게 모든 결정을 맡기는 마마보이였다. 남편은 결혼하자마자 적성에 맞지 않는다는 이유로 직장을 그만두고 부모님에게 생활비를 타다 썼다.

떵떵거리며 사는 것은 바라지도 않았다. 남부럽지 않게 호사를 누리며 살고 싶지도 않았다. 단지 남편이 매달 꼬박꼬박 월급봉투라도 안겨 주면 그걸로 만족하며 살 수 있었다. 하지만 남편은 내가 기대하던 최소한의 기대마저 저버리고 말았다. 집에서 나갈 생각을 하지 않는 남편을 설득하고 설득해 겨우 직장에 취직시킨 적도 있었다. 하지만 그것도 채 석 달을 넘기지 못했다.

이런 생활이 지속되면서 나는 점점 지쳐갔고 결국 결혼 3년 만에 이혼하고 말았다. 둘 사이에 아이가 없었기 때문에 우리는 재산을 절반씩 나눠 갖는 것으로 합의를 봤고, 예상치 못했던 결혼 실패의 충격으로 나는 다시는 결혼하지 않겠다는 마음까지 먹게 되었다.

비록 20대 후반이긴 했지만 이혼녀가 아무 밑천도 없이 사회생활을 하기란 쉽지 않았다. 이런저런 직장을 알아보다가 나는 결국 생활설계사의 길을 택했다. 낮에는 부지런히 고객들을 관리하고 밤에는 블로그를 운영하면서 보험 관련 상담을 원하는 사람들의 궁금증을 풀어 주었다. 주말에는 소식지를 만들어 나와 인연을 맺은 사람들에게 보냈다. 이런 노력이 결실을 맺어 나는 3년째 되던 해에 팀장의 직책을 얻게 되었다.

그러던 중에 나는 한 대기업 과장을 만나게 되었다. 그는 보험과는 담을 쌓고 살던 사람이었는데 처음에 보험 상담을 하고 난 뒤에도 여러 차례 상담을 원했다. 그는 우선 자신과 부모님의 종신보험을 들었고, 그 뒤에도 친구들을 여러 명 소개해 주었다. 30대 중반의 중간관리자라면 여러 경로를 통해 보험가입 권유가 들어왔을 텐데, 그런 유혹을 거부했을 정도라면 어지간히 보험에 거부감을 가지고 있었을 게 뻔했다. 그런데 하필 지금에 와서 나를 통해 보험에 가입하고 친구들까지 소개해 주는 이유가 뭘까? 이런 생각이 머릿속을 맴돌 무렵, 나는 그에게 정식으로 데이트 요청을 받았다.

"정희 씨, 처음부터 정희 씨에게 끌렸습니다. 지금까지 선도 여러 번 보고 연애도 해보았지만 제 마음을 설레게 한 사람은 아무도 없었어요. 그런데 정희 씨는 달랐습니다. 처음 보는 순간부터 제 마음속에 들어와 버렸으니까요."

"이 과장님, 이러시면 곤란합니다. 사실 저는 결혼에 한 번 실패한 사람이에요. 그때 많은 충격을 받았죠. 그 때문인지 지금도 그렇지만 앞으로도 결혼 생각은 없답니다."

"알고 있습니다. 정희 씨 동창이 저희 부서에 있잖아요. 우연찮게 얘길 듣게 되었죠. 하지만 저는 그런 건 상관없습니다. 정희 씨가 제 마음을 받아 준다면 정희 씨와 평생을 함께하고 싶다는 생각뿐입니다. 제가 별로 내세울 건 없지만 지금까지 사람에 대한 따뜻함만큼은 잃어버리지 않으려고 노력하면서 살아왔습니다. 그런데 정희 씨를 만나는 순간, '나와 같은 사람이구나!' 하는 생각이 들었어요. 그리고 이제는 정희 씨의 모든 것을 사랑하게 되었습니다. 정희 씨, 지금 당장 대답해 달라는 건 아닙니다. 적어도 저란 사람에 대해 조금이나마 확인해 보시고 결정해 주세요. 정희 씨가 생각해 본다면 언제까지라도 기다릴 겁니다."

"그럼 저한테 한 달만 시간을 주세요. 그때 대답해 드릴게요."

나는 한 달 동안 고민한 끝에 그와의 만남을 시작했다. 그리고 6개월이 흐른 어느 날, 마침내 그와의 결혼을 결정했다. 정말이지 쉽지 않은 결정이었다. 하지만 나를 이토록 사랑하는 사람이라면, 그리고 사회생활에 최선을 다하고 책임감 있는 사람이라면 전남편처럼 패배감을 안겨 주지는 않을 것이라 확신했다.

이렇게 나의 두 번째 결혼생활이 시작되었다. 그는 홀어머니를 모시고 사는 1남 1녀의 장남이었다. 나는 내가 사랑하는 사람의 어머니라면 내가 모시는 게 당연하다고 생각했기 때문에, 분가하자는 남편을 설득해 시어머니를 모시고 살기로 했다. 이것은 나의 허물까지 넉넉하게 받아 주고 사랑해 준 남편에게 내가 할 수 있는 것이라면 뭐든 하겠다는 마음의 표시였다.

하지만 인간관계라는 게 그렇게 쉽게 풀리는 건 아니었다. 시어머니는 내가 한 번 이혼했다는 사실을 알고 있었기 때문에 처음부터 나를 곱게 여기지 않았다. 때로 그런 마음의 화살이 비수처럼 박혀 들 때는 그 충격으로 하루 종일 가슴이 답답했다.

"아가, 너는 창식이한테 정말 잘해야 한다. 재가 지금까지 좋은 여자들을 모두 마다하고 너를 택한 건 알 거다. 네가 결혼에 실패한 적이 있다고 이런 말을 하는 건 아니니까 오해하지는 말고."

"네, 어머니. 혹시 저한테 부족한 게 있으면 언제든 말씀해 주세요. 제가 고칠게요."

이런 말도 한 번은 넘어갈 수 있었지만, 두 번 세 번 반복되면서 내 영혼을 옥죄어 왔다. 남편과 의논할까 생각하기도 했지만 어머님을 모시고 살자고 했던 내가, 이제 와서 이런 말을 하면 쓸데없는 불평을 늘어놓는 것처럼 보일 것 같아 그럴 수 없었다. 이렇게 1년이란 시간이 흘러가면서 내 마음속에는 시어머니에 대한 미움이 쌓여갔다. 그리고 그것은 어떤 계기를 통해 갑자기 폭발하게 되었다.

"일도 좋지만 너무 늦게 들어오는 건 아니냐? 네 남편은 벌써 들어와 있는데 너는 뭐가 그렇게 바쁘다고 남편 저녁도 못 챙기냐?"

"어머니, 제가 요즘 연말이 되어 결산할 것도 많고 송년회도 있고 해서 좀 늦었어요. 죄송합니다."

"그래, 너도 죄송한 줄은 아는구나. 네 남편 봐라. 저게 사람 얼굴이냐? 비쩍 말라서 얼굴에 핏기도 없고. 너 전남편도 이렇게 홀대했냐? 결혼에 한 번 실패했으면 이제는 좀 잘해야 할 것 아니야!"

"어머니, 정말 너무 심하신 거 아녜요? 저도 최선을 다하고 있다고요. 같은 여자시면서 어떻게 그렇게 제 아픈 곳을 콕콕 찌르실 수가 있어요? 저 어머니하고 이 사람한테 단 한 순간이라도 신경 안 쓴 적 없어요. 어머니도 그거 아시잖아요!"

"그래, 이제는 네가 아주 잘했다고 나서는구나. 그동안 그 얘기 하고 싶어서 어떻게 참았냐. 이제 시어미는 보이지도 않는구나. ……. 나한테는 어떻게 하건 상관없다만 네 남편 홀대하는 건 그냥 못 지나치겠다. 이것만은 지켰으면 좋겠다."

"어머니, 이제 그만하세요. 저 사람 요즘 정말 바빠요. 팀장이기 때문에 아랫사람들을 다 챙겨 줘야 하고 회식도 꼭 참석해야 한단 말이에요. 가만히 계시다가 오늘 갑자기 왜 이러세요!"

남편의 중재로 더 이상 문제가 확대되지는 않았지만, 그 뒤 1년 동안 나는 시어머니와 마음을 터놓고 대화하지 못했다. 하지만 남편에 대한 사랑이 변함없듯이, 시어머니를 깍듯이 공경하리라는 초심을 잃어버리지 않으려고 노력하면서 최선을 다했다.

그러던 와중에 친정엄마가 심장마비로 사경을 헤매게 되었다. 일단 회사 업무에 큰 공백이 생기지 않도록 정리한 뒤에, 나는 중환자실에서 죽음과 사투를 벌이던 엄마를 간호했다. 하지만 엄마는 열흘 만에 세상을 떠났다. 장사를 치르고 난 뒤에 잠시 마음을 정리하려고 일주일간 휴가를 냈다. 그때 시어머니가 나를 불렀다.

"아가, 잠깐만 보자."

"……."

"많이 힘들지? 사실 그동안 너한테 몹쓸 짓을 한 것 같아서 내 마음이 얼마나 무거웠는지 모른다. 처음 너를 봤을 때 얼마나 참하고 예뻤는지 모른다. 그런데 네가 한 번 결혼에 실패했다고 하더구나. 깜짝 놀랐다. '저렇게 괜찮은 색시가 어떻게 결혼에 실패할 수 있어?' 하고 말이다. 솔직히 조금 껄끄러운 마음이 들기도 했다. 보통 엄마들이 다 그렇듯이 말이다. 애지중지 아들을 키워 막상 결혼을 시키려면 꼭 누구한테 뺏기는 느낌이 들기도 하거든."

"……."

"내 아들이 사랑했기 때문이기도 했지만, 아가 너는 내 마음에 꼭 들기도 했었다. 그래서 네가 이혼했다는 얘기를 들었어도 노파심에서 한마디 한 것 외에는 다시 그 얘기를 꺼내지 않았다. 그런데 막상 너희들을 결혼시키고 보니 자꾸 아들 얼굴이 눈에 밟혀서 견딜 수가 없더라. 참 희한하지. 시어미도 여자면서 막상 남자인 자기 아들 입장에서 생각한다는 거. 그래서 그러면 안 된다고 생각하면서도 네가 가장 아파하는 곳을 자주 건드렸던 것 같아."

"어머니……."

"그동안 내 말 때문에 네가 많이 힘들어 한 것도 알고 있다. 말이라는 게 하기는 쉽지만 주워 담을 수는 없더구나. 막상 뱉어 놓고는 후회하게 되더라. 시어미가 이런 말 하면 어떻게 생각할지 모르지만, 내 너한테 이렇게 용서를 비마. 나도 여잔데 그런 말 듣고 매일 얼굴 보기 쉽지 않았을 거야. 그래도 네가 나한테 최선을 다하는 걸 보면서 더 이상 너를 힘들게 하면 안 되겠다는 생각이 들었어."

"그런 말씀 마세요, 어머니. 다 제가 부족해서 그런 거예요. 오히려 제가 죄송합니다."

"아니다, 오늘은 네가 용서를 받아다오. 그래야 이 시어미의 마음이 편안해질 것 같다."

"……. 알겠습니다, 어머니. 하지만 제 용서도 받아 주셔야 해요. 마음속으로 어머니를 조금은 미워했으니까요."

"당연히 그랬겠지. 알겠다, 나도 용서하마. ……. 요즘 네가 친정엄마 돌아가시고 많이 힘들어 한 것 알고 있다. 하지만 혼자 남았다고 생각하지는 마. 네 옆에는 창식이도 있고 이 시어미도 있어. 앞으로는 이 시어미를 친정엄마처럼 생각해 주렴."

"어머니, 고맙습니다!"

이렇게 우리의 관계는 회복되었고 지금은 남편이 부러워할 정도로 행복한 고부관계를 맺고 있다.

요즘에는 돌아가신 엄마를 생각하면 한 가지 떠오르는 생각이 있다. 내가 힘들어 할까봐 세상을 떠나시면서 시어머니와의 관계를 회복시켜 주신 거라고. 비록 첫 번째 결혼은 실패했지만, 두 번째 결혼은 시어머니 때문에 확실히 성공할 거라는 예감이 든다.

> 상황이 역전되었을 때 보복하게 되면 또 다른 보복의 씨앗을 뿌리는 것과 같다. 하지만 역전되기 전의 상황을 겸허하게 바라보며, 그것이 오늘의 역전을 가져다 주었다고 생각한다면 그는 지금보다 더 나은 내일을 창조할 수 있을 것이다. 이런 사람이야말로 강하면서도 부드러운 삶을 사는 사람이다.

'했더라면'보다 '했었지'가 많아지도록 하자. -R. 브라우닝

상처받은 사람이 마음 문을 열 수 있도록

며느리가 시어머니와 시누이에게

지금의 남편을 알게 된 지는 올해로 10년째다. 그는 내가 대학에 입학했을 때 내 바로 앞 학번이었고 유난히도 말이 없고 무뚝뚝했던 남학생이었다. 하지만 그런 점이 오히려 내 눈에 띄었고 나는 그를 유심히 지켜보기 시작했었다. 그러던 어느 날, 2학년을 주축으로 강원도에서 열린 신입생 MT 때 그는 나에게 조심스럽게 다가오더니 엉뚱하게도 '나를 좋아할 수 있는 기회를 달라고' 고백했다. 여자 입장에서는 유치하기도 했고 우습기도 한 고백이었지만, 나 또한 그에게 처음부터 끌렸던 터라 부담 없이 사귀는 전제 아래 교제를 허락했다.

하지만 그렇게 시작된 만남이 10년째가 되어, 우리는 결혼까지 하게 되었다. 솔직히 그는 나에게 프러포즈도 하지 않았고 '이렇게 해주겠으니 결혼하자.'는 식의 고백도 하지 않았다. 하지만 우리는 언제부턴가 함께 결혼을 준비하고 있었고 결혼 뒤에 생활까지 고민하고 있었다.

그의 식구는 어머니와 두 명의 누나가 전부였다. 그가 열 살 때 아버지가 지병으로 돌아가신 터라, 어머니는 작은 음식점을 하며 삼남매를 힘들게 키워 오셨다. 어머니는 그를 남편의 분신인 양 애지중지 키우신 데 비해, 두 딸에 대해서는 상대적으로 신경을 쓰지 못하셨던 것 같다.

그는 이른바 명문대를 졸업한 뒤에 그 어렵다는 기자시험에 합격했지만, 장녀는 전문대를 졸업한 뒤에 무역회사에 입사하여 잠깐 직장생활을 하다가 서둘러 시집을 갔다. 막내 시누이가 될 사람은 그보다 세 살 위였는데, 여상을 졸업한 뒤에 은행에서 일하고 있었다. 하지만 계약직으로 근무하고 있었기 때문에 항상 스트레스를 받고 있다고 했다.

그와 사귀게 되면서 그의 가족관계에 대해서는 익히 알고 있었지만, 그때까지만 해도 결혼을 염두에 두지 않았기 때문에 그다지 많이 생각하지는 못했다. 하지만 막상 결혼하려고 생각하니 몇 가지 문제가 불거져 나왔다.

우리나라 모든 여자들이 배우자를 염두에 둘 때 첫 번째로 고려하는 바로 그 문제가 그에게도 해당되었다. 그는 바로 편모슬하에서 자란 외아들로서, 막내이자 장남이었다. 게다가 결혼하게 되면 시집이나 우리 집 사정상 분가가 힘들었기 때문에 시어머니에다 아직 시집가지 않은 손위 시누이와 함께 생활해야 하는 상황이었다. 하지만 나는 신세대 여성으로서 사랑하는 사람과 함께라면 이 모든 문제를 극복할 수 있다고 생각하고 그와 당당하게 결혼했다. 그게 바로 불과 5개월 전 일이다.

그러나 결혼하고 보니 예전에는 눈에 띄지 않던 문제들이 하나둘씩 눈에 들어왔다. 가장 큰 것은 시어머니와 시누이의 관계였다. 우리나라 사람들은 보통 '엄마와 딸'의 관계에 매우 큰 의미를 부여한다. 어떤 사람들은 '딸은 엄마의 인생을 닮는다.'고 하며 슬프고 애달픈 사연을 담아내기도 하고, 또 다른 사람들은 '딸은 엄마와 영원한 친구다.'라고 하며 그 애틋한 관계를 부각시키기도 한다. 하지만 내가 만난 시어머니와 시누이는 전혀 다른 세계에서 살아가는 사람들 같았다.

두 사람은 서로를 인정하지 않으려는 것 같기도 하고, 서로를 원망하는 것 같기도 하면서, 서로 뭔가를 간절히 원하는 것 같기도 했다. 상당히 비정상적으로 보이는 이 두 사람의 관계는 내 남편이 바로 그 중심축에 있었기 때문에 나로서도 개입되지 않을 수 없는 문제였다.

언젠가 누군가가 "여자들은 결혼하기 전까지는 자신을 위해 살다가, 결혼하고 나면 남편을 위해 살고, 자식을 낳으면 자식을 위해 산다."는 말을 한 적이 있다. 하지만 우리 시집의 경우에는 가장 마지막에 "자식을 낳으면 자식을 위해 산다."는 말을 "아들을 낳으면 아들을 위해 산다."는 말로 바꿔야 할 것 같다. 젊은 시절에 남편을 잃고 삼남매를 길러야 했던 시어머니는, 자신의 모든 힘을 아들에게 쏟았다. 그건 아들이 유달리 총명했던 탓도 있었지만 '아들'이라는 그 단어 하나에 모든 것을 바치는 우리네 어머니들의 삶이 그러했기 때문이기도 했다.

하지만 그 때문에 두 딸은 상대적으로 소외되었고 막내 동생보다 못한 대우를 받아야 했다. 조금이라도 맛있는 것이 있으면 항상 그의 차지였고, 시어머니는 친척이나 이웃에서 또래 여아들의 옷을 받아 딸들에게 입히더라도 아들에게만큼은 새 옷을 사 입히셨다고 했다. 아들의 준비물과 용돈은 늘 잊지 않고 챙겨 주는 자상한 엄마가 딸들에 대해서는 주워 온 애들처럼 천덕꾸러기 취급을 했다.

이런 갈등은 막내 시누이가 고등학교에 입학하는 시점에 폭발했다. 그녀는 시인이 되길 꿈꾸는 감수성이 풍부한 소녀였고 당연히 인문계 고등학교에 가겠다고 했다. 하지만 그녀의 어머니는 그런 딸의 소망은 전혀 고려하지 않고 그녀를 여상에 보내기로 이미 결정한 상태였다. 사흘 동안 식음을 전폐하며 울고불고 했지만, 막내 시누이는 어머니의 결심을 꺾지 못했고 결국 여상에 진학할 수밖에 없었다.

이렇게 되면서 모녀의 사이는 악화될 대로 악화되었고, 그렇지 않아도 별로 교류가 없었던 누나와 남동생 사이도 더욱 서먹해졌다. 막내 시누이는 제법 똑똑했던 터라 여상에서 열심히 공부해서 3학년 때 벌써 은행에 취업이 되었고, 그 덕에 자기 용돈은 직접 벌어 생활하게 되었다. 하지만 그때까지도 모녀의 갈등은 해소될 기미가 보이지 않았고, 더욱더 깊어만 갔다.

그와 결혼하게 되면서, 나는 어떻게 하면 식구들을 억누르고 있는 이 무거운 원망과 갈등의 고리를 끊어버릴 수 있을까를 고민하기 시작했다. 시어머니와 시누이는 말만 식구였지, 절대로 함께 시간을 보내는 법이 없었다. 시어머니는 식당 일을 하느라 아침 일찍 나가서 새벽에 들어왔고, 시누이 또한 아침 일찍 나가서 저녁에 퇴근해서는 혼자 식사하고 자기 방에 들어가면 그걸로 끝이었다.

솔직히 내가 과연 이런 견고한 불신의 벽을 깰 수 있을까 의심한 적도 한두 번이 아니다. 내가 할 수 있는 거라고는 고작 쇼핑과 식사를 함께하는 식으로 여자들이 함께 터놓고 얘기할 수 있는 시간들을 자주 만들려는 것뿐이었다. 남편과 나는 맞벌이를 하기에 경제적으로 힘든 것은 아니라, 시어머니와 시누이에게 적당한 선물을 할 정도는 되었기 때문이다.

"어머니, 저 얼마 전에 어머니한테 딱 맞는 블라우스 봐 둔 거 있거든요. 저랑 같이 가세요. 오늘은 제가 모실게요!"

시어머니께는 이렇게 아양을 떨지만, 시누이에게는 다른 방법을 쓰기도 한다.

"언니, 저 대학로 쪽에 기가 막힌 스파게티 전문점 봐 뒀거든요. 제가 저번에 한 턱 쐈으니까 이번에는 언니가 쏘실 거죠? 토요일 점심은 언니한테 맡겨 둘게요!"

이렇게 한바탕 요란을 떨다 보니, 이제 두 사람은 다들 내 의도를 알아챈 것 같다. 그토록 냉랭하던 집에 가끔씩 웃음소리도 들리게 된 것이다. 남편도 놀랍다는 듯이 고개를 절레절레 흔든다.

"아니, 당신 도대체 어떻게 한 거야? 어머니가 오늘 나를 살짝 부르시더니 정말 아내 하나는 잘 만났다고 하시네. 당신 능력 있는 줄은 알았지만, 정말 이 정도까지 할 수 있으리라고는 생각 못했어. 대단하세요, 우리 사모님!"

내가 할 수 있는 게 정말 어디까지인지는 나도 모른다. 하지만 내가 사랑하는 사람이 남편이고 남편이 나를 사랑하기 때문에, 이제 나는 그 사랑을 남편 주변의 사람들과 나누어 가져야 한다고 생각한다. "상처받은 사람이 상처 준 사람을 용서할 때 그 상처가 진정 치유된다."고 하지만 사실 그것은 불가능한 말일지도 모른다. 그렇기 때문에 나는 내가 할 수 있는 것, 다시 말해서 '상처받은 사람이 살짝 마음 문을 열 수 있도록' 도와주는 역할을 하고 싶다. 그게 내가 할 수 있는 일이라면 말이다.

관계가 깨어졌을 때 잘못한 사람이든, 그것 때문에 상처받은 사람이든 간에 마음의 문을 굳게 걸어 잠그게 된다. 심지어 가장 사랑하는 가족들 사이에서도 그 갈등의 골을 쉽게 메우지 못하는 경우가 많다. 이럴 경우에는 중재자가 나서서 갈등과 아픔이 조심스럽게 치료될 수 있도록 하는 게 좋다. 사례처럼 며느리가 앞장설 수도 있고 갈등하는 대상에 따라 시누이가 나설 수도 있다. 그가 누구든 지혜로운 중재자가 집안의 허브 역할을 하면서 가족들 간의 관계가 아름답게 꽃피울 수 있도록 한다면 더할 나위 없이 좋다.

세상에 바꿀 수 있는 것 중 두 가지는,
나 자신과 나의 미래이다. –논어

미운 오리새끼에서 백조로

동서관계

남편을 만난 것은 지금으로부터 8년 전이었다. 그는 대기업 공채 신입사원으로 갓 입사했고 나는 고등학교를 졸업하고 그 회사에 입사해서 2년째 근무하던 중이었다. 그의 첫인상은 매우 정열적이고 자신만만했었고, 아이디어가 많아 매달 회사에서 수여하는 아이디어상은 독차지하다시피 했다.

그런 그의 모습에 매료되어 나는 그를 내 남편감으로 점찍었다. 당시 우리 회사 여직원들 사이에서는 남자 신입사원들을 찍어 결혼하는 일이 유행처럼 번졌었는데, 나도 내심 그런 대열에 합류하고 싶었다.

간부들은 다들 결혼했고 오너의 2세를 잡아 결혼하기란 하늘의 별 따기였으므로, 앞날이 창창한 신입사원과 결혼하는 게 그래도 미래가 있다고 생각했기 때문이다.

그런데 당시 남편에게는 입사하기 전부터 사귀던 사람이 있었다. 하지만 나는 저돌적으로 밀어붙였다. 회사 식당에서 그의 앞자리를 차지하는 건 기본이고, 그의 일거리를 도와주면서 슬쩍 데이트 신청을 하기도 했다. 출퇴근길에는 우연히 마주치는 것처럼 하면서 기습적으로 팔짱을 끼기도 했다.

이런 노력이 결실을 맺었던지, 그는 사귀던 사람과 헤어지고 나와 사귀게 되었다. 그리고 6개월 뒤에 결혼에 골인했다. 나는 그와 결혼하면 모든 게 순탄히 풀려 나가고 세상 모든 근심이 다 사라질 것이라고 생각했다. 친구들이나 회사 동료들도 모두들 부러워했고 축하해 주었다. 하지만 치열한 전투처럼 쟁취해 낸 결혼생활은 순탄한 것만은 아니었다.

특히 나를 옥죈 것은 동서들과의 갈등이었다. 남편은 3남 2녀 중에 둘째 아들이었는데 큰 동서와 작은 동서는 기가 막힐 정도로 궁합이 잘 맞았다. 언뜻 보면 그들은 자매처럼 보일 정도로 사이가 좋았고 모든 일을 같이 의논했다. 하지만 그들은 나만큼은 제쳐 두고 있었다.

"형님, 저 이번에 어머님 생신 때 선물 뭐 하죠?"

"아, 그거 걱정하지 마. 셋째 동서하고 벌써 다 얘기했어. 어머님 정장이 유행이 좀 지난 것 같아서 한 벌 해드리려고."

"아, 예."

"동서는 그냥 저녁거리만 좀 준비하면 될 것 같은데……."

"그러죠, 뭐."

나는 대부분 이런 식으로 무시를 당한다. 그도 그럴 것이 아주버님은 의사로 성형외과를 개업해서 돈벌이가 괜찮았고, 서방님은 공인회계사로 일하고 있었기 때문이다. 동서들은 모두 괜찮은 집안에 다 대학원까지 나온 재원들이었다. 그랬기 때문에 고졸인 나에게 일종의 편견을 갖기란 너무도 쉬웠을 것이다.

그들과 1년 정도 동서로 지내다 보니 이제는 숫제 나 자신이 한심한 사람이 아닌가 생각될 정도였다. 남편과 결혼만 하면 장밋빛 미래가 펼쳐질 것이라고 생각했던 나 자신이 너무도 초라하고 비참해 보이기까지 했다.

그들의 은근한 비교와 왕따도 나를 힘들게 했지만, 무엇보다도 나는 더 이상 아무런 성취도 할 수 없을 것 같다는 자기 비하로 인해 더욱더 움츠러들었다.

그렇게 3년이라는 시간이 흘렀고 나는 한 아이의 엄마가 되었다. 출산 뒤에도 직장을 그만두지 않고 계속 다녔는데 그것은 나 자신의 존재감을 확인하는 유일한 수단이었다. 그러다가 우연히 옆집 아줌마의 소개로 비즈공예에 대해 알게 되었다. 나는 어렸을 때부터 칭찬 받던 손재주를 활용해 볼까 하는 생각으로 문화센터에 들러 비즈공예반에 등록했다.

그런데 그때부터 내 인생은 달라지기 시작했다. 내 재능을 알아본 담당선생이 비즈공예를 좀 더 전문적으로 배워 보길 권했고, 그 뒤 몇 개월 동안 피나는 연습을 거친 뒤에 다양한 재료와 방식을 가미해서 여러 종류의 비즈공예품들을 선보이는 작은 숍을 인터넷에 오픈했다. 처음에는 주변의 아는 사람들을 통해 공예품들을 소개했는데, 그게 점점 입소문을 타면서 한 달에 순수익이 300만 원을 넘어설 정도로 규모가 커졌다.

나는 여기서 그치지 않고 소비자들의 연령대와 트렌드에 맞춰 계절용 비즈공예품들을 제작하기 시작했고, 문화센터와 각종 모임에 강사로 초대받게 되었다. 인터넷 숍을 오픈하고 2년째 되는 해에는 드디어 월 순수익이 700만 원대에 이르렀고, 각종 매스컴을 타면서 나는 졸지에 유명인사가 되어 버렸다.

그런데 내 사업이 동서들의 관계를 회복하는 중요한 매개 역할을 할 줄은 꿈에도 몰랐다. 사실 나는 결혼할 때부터 식구들의 생일을 꼭 챙겨 왔다. 시부모님들의 결혼기념일이나 생신은 물론이고 동서들과 조카들의 생일까지 꼭 챙겼다. 전화나 편지는 기본이고 작은 액세서리 같은 것들을 챙겨서 보내곤 했다. 하지만 솔직히 부유한 사람들이 그런 것을 거들떠보기라도 했을까.

하지만 나는 비즈공예품을 만들기 시작하면서 직접 만든 공예품들을 선물로 보내기 시작했다. 조카들은 내 공예품을 자랑스럽게 걸고 다녔고, 동서들도 나를 다르게 보기 시작했다. 그들은 뭔가를 결정할 때 사회 경험이 풍부한 나에게 먼저 조언을 구했고 나는 그런 그들에게 겸손하게 내 의견을 말해 주었다.

비록 나의 개인적인 성공으로 인해 억눌렸던 관계가 해소되었지만, 나는 이것을 부정적으로 바라보지 않는다. 어쩌면 갈등의 원인은 나에게 있었는지도 모른다. 만일 결혼하고 나서 내가 남편의 그

늘에 안주하려고 했다면, 그래서 모든 것을 포기하고 집에서 살림만 했다면 지금의 나는 없었을 것이다.

동서들의 존재와 그들과의 갈등이 죽어 있던 나의 재능을 불러일으켰고, 그로 인해 나는 성공을 거머쥐게 되었고 갈등을 회복하게 되는 부산물도 얻었다. 나는 지금도 그들이 나를 핍박한 것이 아니라 나로 하여금 내 안에 있는 것을 끄집어내게 하도록 독려한 것이라고 생각하곤 한다. 나 자신에 대해 포기하지 않고 뭔가를 향해 돌진할 수 있었던 것은 바로 그들 때문이었다.

동서들이 가끔 자신들이 처음에 좀 심하지 않았냐고 얘기할 때마다, 나는 그때 나 자신을 잃지 않게 해줘서 너무 고맙다고 그 때문에 지금 이만큼 성공할 수 있었다고 웃으며 말한다. 외부의 화살이 폭포처럼 밀어닥칠 때 피하려고만 하지 말고 그것을 받아들이면서 한번 자신에게 눈길을 돌려보라. 자신을 고통스럽게 하는 그 화살촉에서 자신의 미래를 발견할지도 모른다.

동서관계는 결코 쉽지 않다. 부부의 경우에는 자주 감정 다툼을 하더라도 매일 얼굴을 맞대야 하기 때문에 어떻게든 문제를 풀어 가려 애쓰지만, 동서관계는 겉으로 드러나지 않는 잠재된 갈등과 아픔이 오랫동안 배어 있을 가능성이 크다. 그렇기 때문에 다른 관계보다도 더 조심스럽게 상대방의 입장과 상황을 이해하면서 자신이 먼저 내어줄 것이 없는지 적극적이고 긍정적으로 사고하고 움직이는 게 좋다. 이런 노력이 추가될 경우, 동서는 특정한 가족을 매개로 이어진 관계이기 때문에 전혀 낯선 사람들보다 더 급속하게 가까워지고 긴밀한 유대 관계로 발전할 가능성이 크다.

고통은 인내를 낳고, 인내는 시련을 이겨내는 끈기를 낳고, 그러한 끈기는 희망을 낳는다. -로마서 5장 3절

직·장·생·활·에·서·맺·어·진·관·계

하루에 가장 많은 시간을 함께하는 당신에게

약속을 지키지 않는 사람은 곧 신용을 잃게 된다. 신용을 잃게 되면 그 다음부터는 그의 진심도 통하지 않는다. 약속을 지키지 않는 사람들의 특징은 일의 가능성과 자기의 능력을 점검해 보지 않고 느끼는 즉시 확답을 해 버리는 경우가 많다. 순간적인 기분에 응하고 나서는 더 이상 책임질 수 없는 상황에 처하게 되었을 때 슬쩍 빠져 버리는 것이다. 사람과의 약속은 반드시 기분과 감정으로 결정할 것이 아니라 상황과 능력을 정확하게 확인한 뒤에 결정해야 한다.

용서받지 못할 동료

동료관계

박정모. 그는 나보다 3개월 일찍 입사한 동기였다. 입사 기수로 따지면 동기였지만 인턴 과정부터 우리 회사에서 일했기 때문에 공채로 들어온 나보다 입사가 3개월 빨랐던 것이다. 직원들은 나이도 나와 동갑이고 같은 학번에다 중국학을 전공한 그와 중문학을 전공한 나를 항상 함께 놓고 비교했다.

하지만 같은 부서에서 일했다 하더라도 우리 두 사람은 엄연히 다른 일을 하고 있었다. 그는 판매 전략을 짜는 일을 담당했고 나는 이벤트 기획 관련 업무를 담당했다. 일의 귀천을 따질 수는 없다 하더라도, 언뜻 보면 그의 일은 고급스러운 일이었고 나는 상대적으로 등급이 낮은 업무를 담당하고 있었다고 볼 수도 있다.

그는 일벌레였다. 사수에게 한번 업무지시를 받으면 자기 마음에 들 때까지 수정하고 또 수정했다. 평일에 야근은 물론이고 심지어 주말과 휴일을 반납하기까지 했다. 하지만 내가 팀에 합류하면서 문제가 복잡해졌다. 업무에 무진장 많은 시간을 투자하는 그에 비해 상대적으로 정시 출퇴근을 하는 내가 더 인정을 받게 되었기 때문이다.

회사에서는 직원들을 대상으로 매주 아이디어를 제안하는 프로그램이 있었다. 직원이라면 누구라도 회사의 발전을 위해 아이디어를 낼 수 있었고 채택이 되면 상품권을 챙겨 주어 사기를 높여 주는 그런 프로그램이었다. 그런데 나는 신입사원 연수를 끝내고 본사에 배치 받은 바로 그 주부터 아이디어 상을 받게 되었다.

부서장을 비롯해서 팀원들 모두가 경이롭다는 듯 나를 바라보았지만 딱 한 사람 박정모 씨만큼은 얼굴이 일그러져 있었다. 그는 마치 내가 자기 자리를 빼앗은 것처럼 내 시선을 외면했다.

그러던 어느 날 그가 잠깐 시간을 내달라고 했다. 마침 나도 그와 껄끄럽게 지내던 게 부담스러웠던 터라 뭔가 잘 지낼 수 있는 방법을 찾고 싶었는데, 그가 먼저 이야기하자고 해서 속으로는 무척이나 기뻤다. 하지만 상황은 전혀 다른 방향으로 흘러갔다.

"경준 씨, 내가 보자고 한 이유는 알고 있죠?"

"네? 갑자기 그렇게 말씀하시니 당황스럽네요."

"정말 모른단 말인가요?"

"네."

"왜 자꾸 나를 바보 만들려고 하죠? 경준 씨는 경준 씨 일만 해요, 내 영역 침범하지 말고!"

"제가 언제 정모 씨 영역을 침범했나요? 우리는 하는 일도 서로 다른데. 정확하게 말씀해 보시죠."

"아이디어 제안할 때 판매 전략에 대한 아이디어는 내지 마세요. 아이디어를 내려면 경준 씨 영역에 대한 아이디어를 내면 되잖아요. 왜 이쪽저쪽 쑤시고 다니면서 사람들을 불쾌하게 만들죠? 사람들이 말을 안 해서 그렇지 경준 씨를 얼마나 고깝게 보는 줄 알아요? 신입사원이 좀 겸손해야지 얼마나 잘났다고 그렇게 설치고 다녀요!"

"아니, 정모 씨 말이 너무 심한 거 아닙니까? 회사를 위해 아이디어를 내는 거지, 영역 지켜가며 내라고 정해져 있나요? 누가 어떤 아이디어를 제안하더라도 다 받아들이도록 해서 회사 발전에 기여하도록 하는 게 아이디어 제안 프로그램을 만든 회사의 의도라는 거 정모 씨도 알겁니다. 그런데 지금 저한테 이렇게 얘기하는 건 좀 황당하게 보이네요. 이런 얘기라면 앞으로 다신 듣고 싶지 않네요."

나는 이렇게 얘기하고 그 자리를 떠났다. 하지만 그 뒤로도 우리는 다시 부딪치게 되었다. 회사에서 외국어 능력을 향상시키기 위해 단체로 시험을 보게 했는데 각자가 자신 있는 외국어라면 어떤 것이라도 된다고 했다. 마침 박정모 씨와 나는 중국어를 전공했기 때문에 HSK 시험을 보게 되었다. 사람들은 여기에 대해 말이 많았다.

"어이, 이번에 정모 씨하고 경준 씨는 중국어 시험보지? 우리는 영어도 벅찬데 정말 대단해. 그런데 말이야 두 사람 중에 누가 중국어를 더 잘하지?"

"……."

"어허 분위기 썰렁하네. 어쨌든 두 사람 중에서 점수 더 잘 나온 사람이 한 턱 쏘는 거야!"

"네, 그럴게요."

박정모 씨는 선배의 말에 무대응으로 일관했고 대답한 것은 나뿐이었다. 그리고 드디어 우리는 HSK 시험을 치르게 되었다. 본사에서 중국어 시험을 치르는 사람은 마침 우리 두 사람뿐이어서 시험 당일 만나 잠깐 목례를 하긴 했지만 어색하기 그지없었다. 그렇게 시험이 끝났고 우리는 각자 인사도 없이 집으로 향했다.

다음날 박정모 씨는 무척이나 밝은 표정이었다. 사람들은 그가 시험을 잘 쳤다고 생각해 축하한다는 둥 한 턱 쏘라는 둥 말이 많았다. 하지만 나는 잠자코 일에 집중했다. 시험을 그다지 잘 본 것도 못 본 것도 아니었지만 괜히 시험 하나 가지고 이러쿵저러쿵 할 생각이 없었기 때문이다.

시간이 흘러 외국어 시험 결과가 발표되는 날이 다가왔다. 사람들은 잔뜩 긴장하다가 토익 성적에 따라 희비가 엇갈렸다. 박정모 씨와 나도 결과를 확인하게 되었는데 그는 만면에 웃음을 머금고 있었다. 그의 합격을 축하하는 박수소리가 들려왔다. 그러다가 사람들의 시선이 갑자기 내 쪽으로 향했다.

"경준 씨는 어떻게 됐어요? 시험 결과 나왔죠?"

"네, 걱정해 주신 덕분에 합격했습니다."

"역시 우리 팀은 인재들이 많다니까! 축하해요, 경준 씨."

일순간 박정모 씨의 얼굴표정이 굳어졌다. 그는 자기만 누려야 할 영광을 내가 빼앗아갔다고 생각하는 것 같았다. 나는 일어나서 사람들에게 인사를 하고 다시 돌아와 업무를 보았다. 그런데 갑자기 직원들 중에 한 사람이 긁어 부스럼을 내고 말았다.

"그런데 HSK는 등급이 있다며. 합격했다고 다 같은 게 아니라던데? 정모 씨하고 경준 씨는 몇 급에 합격한 거야?"

"저는 9급에 합격했어요."

HSK는 11급이면 최고 급수로 중국인 수준의 중국어 실력을 가진 것으로 평가한다. 그런데 9급 정도면 고급 중국어를 구사하는 수준이었다. 사람들은 다들 굉장하다는 듯 정모 씨를 우러러 보았다. 그러고 나서 사람들은 자연스럽게 내 쪽을 보았다.

"10급 땄는데요."

"그럼 정모 씨보다 한 단계 위잖아. 이제 봤더니 경준 씨가 더 대단한데! 다시 봐야겠어."

"고급 단계는 다 비슷해요. 너무 그러지 마세요."

이렇게 이야기하면서 내 시선은 무의식적으로 박정모 씨를 가리켰다. 나는 그때 증오로 가득 찬 그의 얼굴을 보았다. 그것은 앞으로 결코 나를 용서하지 않겠다는, 절대로 나를 도와주지 않겠다는 듯한 표정이었다.

그러고 나서 시간이 흘렀다. 1년이 지난 시점에서 내 사수는 지사 발령을 받아 본사를 떠나게 되었고 나는 자연스럽게 사수의 업무까지 다 관장해야 할 상황이 되었다. 그런데 그때 박정모 씨의 복수가 시작되었다. 그는 자기 사수를 부추겨 자신들이 내 업무까지 맡는 쪽으로 유도했다. 그의 사수가 팀장의 대학후배였기 때문에 이런 일은 손바닥 뒤집듯이 쉬웠다.

이로 인해 나는 졸지에 박정모 씨가 과외로 담당하고 있던 카탈로그 제작 일을 담당하게 되었다.

나는 그의 사수 밑에서 일하게 되었고 다른 직원들이 보기에 박정모 씨 아랫사람처럼 인식되었다. 그리고 박정모 씨의 사수는 내 사수와 경쟁관계에 있었기 때문에 나를 달갑게 여기지 않았다. 이런 상황이 누적되면서 나는 연말에 좋은 평가를 받지 못하게 되었고 업무 의욕은 점점 더 떨어졌다. 하지만 나는 포기하지 않았다. 업무에 대한 적응력이 좋았다고 할 수도 있겠지만 무엇보다도 사람에 대한 믿음을 잃지 않았기 때문이다.

박정모 씨가 어떻게 나오든 새로운 사수가 나를 어떻게 대하든 상관없이 내가 해야 할 일을 충실히 하면서 하루하루를 보냈다. 그러다가 인사발령이 나서 나는 해외영업부로 자리를 옮겨 중국어를 일선에서 활용할 길이 열렸다. 다른 부서로 가기 전날 환송회에서 내가 전혀 예상치 못한 일이 일어났다. 바로 박정모씨가 나한테 미안한 마음을 전한 것이다.

"경준 씨, 그동안 나 많이 미워했죠? 이제야 경준 씨를 이해할 수 있겠다 싶었는데 훌쩍 떠나니까 더 밉네요. 자주 놀러 올 거죠!"

"그럼요, 저도 정모 씨하고 지내면서 저 자신을 많이 돌아보게 되었어요. 제가 너무 의욕에 넘쳐 하는 말이나 행동이 다른 사람들에게는 큰 상처가 될 수도 있다는 것도 알았고요. 그런 의미에서 정모 씨한테는 항상 고마운 마음 갖고 있어요. 자주 놀러 올게요. 그때는 정모 씨가 밥 사는 거 알죠?"

"혹시 내가 자리를 비울 수도 있으니까 꼭 전화하고 와요. 나 없을 때 경준 씨가 왔다갔다는 얘길 듣는다면 제가 바로 달려갈지도 모르니까요."

"알았어요, 정모 씨. 어쨌든 그동안 정말 고마웠습니다."

이렇게 우리는 서로 미안해하고 고마워하면서 헤어졌다. 정모 씨와의 다툼과 화해를 통해 나는 나 자신이 절대 완벽하지 않다는 사실과 다른 사람의 입장에서 생각하는 법을 배웠다. 비록 그동안 무척이나 힘들었지만 아픔 뒤에 찾아온 기쁨이라 정모 씨와의 화해는 더욱 가슴 벅차게 다가왔다. 도저히 화해할 수 없을 것 같았던 관계가 회복되고 보니 이제는 어떤 갈등이 찾아와도 능히 이겨낼 수 있다는 자신감이 생긴다. 그런 자신감을 선사한 정모 씨와 이 기쁨을 나누고 싶다.

사람이 살아가려면 반드시 다른 사람이 필요하다. 혼자 살아갈 수 없는 것이 바로 이 세상의 구조다. 따라서 사람들은 자신이 가진 특성과 다른 사람이 가진 특성을 조화시켜 작품을 만들어 낸다. 더불어 사는 세상에서 섬김의 관계가 중요한 것은 바로 이런 이유 때문이다. 하지만 경쟁사회라는 현실 앞에 사람들의 마음은 섬김에서 대결구도로 전환되어 버렸다. 물론 같은 일을 하는 데 있어 약간의 경쟁은 보다 나은 결과를 이루어 내고 사회에 더 많이 기여할 수 있는 힘으로 작용한다. 그러나 이것도 서로가 섬기는 것에 바탕을 두어야 한다. 우리가 어떤 일을 수행하는 것보다 섬기는 것을 최우선에 둔다면 동료들의 소중함을 더욱 크게 느끼며 함께 이뤄 내는 일에 대해 더 큰 성취감을 느끼게 될 것이다.

인간은 좋은 친구가 생기길 기다리는 것보다 자기 스스로 남의 좋은 친구가 되었을 때 진정한 행복을 느낀다. -러셀

지켜지지 않은 약속

부하직원이 상사에게

내가 외국인 이주노동자들을 대상으로 하는 비영리단체에서 일한 것은 올해로 5년째다. 그동안 말로 표현하기 힘들 정도로 어려운 일도 많았고 사회 초년병으로서 온갖 궂은일도 마다하지 않고 최선을 다해 일해 왔다. 하지만 이제는 일의 무게보다는 인간관계 때문에 겪는 어려움이 나를 마냥 힘겹게 한다. 그것도 너무나 신뢰했던 사람과의 갈등이라 나에게 더 크게 다가오는지도 모르겠다.

지금의 팀장을 만난 것은 내가 취업을 준비하던 대학교 4학년 때였다. 당시 나는 공무원 준비를 하면서 하루하루를 보내고 있었는데, 잠깐 머리를 식히려고 동아리 선후배 모임에 나갔다가 그를 만났다. 나보다 4년 선배였던 그는 후배들의 존경을 한 몸에 받고 있었는데, 특히 비영리단체에서 일하고 있었기 때문에 더 큰 신망을 얻고 있었다. 나 또한 그를 볼 때마다 일종의 역할모델로 생각하며 나 자신을 추스르기도 했다.

그 뒤에 졸업할 무렵이 되어 나는 동기들과 함께 그를 찾아갔다가 간단히 회식자리를 갖게 되었는데 그로 인해 내 인생은 완전히 바뀌고 말았다. 다른 사람들을 위해, 그것도 억압받고 착취당하는 사람들을 위해 자신의 삶을 내어주는 것이야말로 너무도 숭고한 인생처럼 보였고 그것만큼 보람 있는 일이란 없을 것 같았다.

"이봐, 수정 씨. 사람들은 날 보고 어떻게 그런 힘든 일을 해낼 수 있냐고 물어보지. 하지만 나는 말이야, 내가 하는 일을 한 번도 대단하게 생각해 본 적이 없어. 나는 교사나 의사, 직장인들이 자기 일을 충실히 하는 것처럼 내가 하고 싶은 일을 충실히 할 뿐이야. 의미 있는 것이라면 지금 나는 정말로 내가 하고 싶은 일을 하고 있다는 것이지."

"선배, 정말 대단해요. 저라면 아마 힘들어서 진작 포기했을 거예요."

"사람들은 평생 돈이나 지위를 차지하려고 안달복달하지. 소중한 시간을 기껏 먹고사는 문제 때문에, 자기 명예욕을 높이는 데 허비해 버리고 마는 거야. 나는 그렇게는 살고 싶지 않았거든. 다른 사람들이 다 그렇게 산다 하더라도 나만큼은 그런 인생을 거부하고 싶었어."

"선배, 있잖아요. 혹시 저도 선배처럼 그렇게 살 수 있을까요? 저는 지금까지 무작정 공무원 시험을 준비해 왔지만 제가 하고 싶어

하는 것도 아니고 평생을 투자할 만큼 중요하다는 생각도 들지 않거든요. 졸업이 다가오니까 마음이 더 답답해지는 것 같고 어떻게 해야 할지 모르겠어요."

"그럼 이번 주 금요일 오후에 우리 사무실에 한번 올래? 그때 나랑 좀더 얘기해보자."

이렇게 해서 나는 선배가 일하는 비영리단체를 방문했고 곧이어 그 단체에서 일하기로 마음을 굳혔다. 그 단체에서 일하게 되면서 선배는 자연스럽게 내 팀장이 되었고 모든 일을 그와 함께 진행하게 되었다.

대학을 졸업하고 사회생활을 하게 된 첫 직장은 모든 게 낯설었다. 나는 대부분의 친구들처럼 대기업이나 중소기업에 취직한 것도 아니었고, 그때까지 준비하던 공무원으로 직장생활을 시작한 것도 아니었기 때문에 무척이나 버거웠다. 더구나 외국인 이주노동자들을 대상으로 한 비영리단체 일이라는 게 신입사원으로서는 거의 몸으로 때우는 일이 전부였다. 근무시간에는 직접 몸을 움직여서 육체노동과 가까운 일을 해야 했고 근무 외 시간에는 행정적인 일처리를 배워야 했다.

그렇게 4년이라는 시간이 흘러 나는 업무에 상당 부분 익숙해지게 되었다. 내 선배이자 팀장은 능력을 인정받아 선임팀장 자리에 올랐고 나 또한 단체에서 핵심적인 역할을 감당하는 팀장이 되었다. 마침 그때 단체에서는 이주노동자들과 관련한 여러 국가들의 프로그램과 정책을 견학하게 하는 연수프로그램을 계획했고, 유럽으로 가는 15일 코스의 연수에 우리 팀에도 1명이 배정되었다.

선임팀장이 작년에 동일한 취지의 미국 연수를 다녀왔기 때문에 나는 이번에는 내 차례일 거라고 생각했다. 그도 그 비슷한 언질을 주었기 때문에 나로서는 당연히 유럽 연수를 간다고 생각하고 준비하고 있었다. 하지만 상황은 전혀 엉뚱한 방향으로 진행됐다. 최종 연수팀이 발표되었는데 이상하게도 내 이름이 빠져 있고 선임팀장 이름이 들어가 있었던 것이다. 아무 것도 생각나지 않았다. 분노가 치솟았고 배신감으로 신경이 갈기갈기 찢어지는 것 같았다. 나는 그길로 곧장 그에게 달려갔다.

"선임팀장님, 이게 도대체 어떻게 된 거죠?"

"뭐가? 좀 진정하고 얘기해 봐."

"유럽 연수 말이에요. 제가 가기로 한 거 아니었나요?"

"아, 그거! 일이 좀 그렇게 됐어. 나는 수정 씨를 적극 추천했고 거의 그렇게 확정되었는데 사무총장님이 경험 없는 팀원들을 인솔할 사람이 필요하다지 뭐야. 그런데 한 팀에서 2명을 배정할 수는 없다고 나만 연수팀에 넣었다고 하더라고."

"……."

"너무 실망하지 마. 기회는 아직 많으니까."

단체에서 그렇게 정했다고 하니 나로서도 어쩔 수 없는 일이었다. 실망감이 컸지만 그것 때문에 계속 마음이 상한 채로 있을 수는 없었다. 하지만 진실은 전혀 엉뚱한 곳에서 드러났다. 다른 부서 동료들과 얘기하다가 우연히 이번 연수와 관련된 비밀을 알게 된 것이다.

"수정 씨, 그거 알아? 선임팀장이 이번 연수 가고 싶어서 몸이 달아 했던 거."

"뭐라고? 선임팀장은 이번 연수에서 인솔 책임을 맡게 되어 갈 수밖에 없었다고 하던데?"

"무슨 소리야. 자기가 가고 싶어서 사무총장한테 계속 조르다시피 했는데. 총장 비서실에 있는 입사동기가 그 사람 얼굴을 하루에 몇 번씩이나 봤다면서 난리가 아니었어. 몇 달 전부터 평소에 안 하던 야근까지 하면서 난리를 친 것도 다 유럽 연수 때문이었다는 말도 있어. 사실 인솔자야 다른 팀장이 맡아도 상관없었거든. 수정 씨한테는 그런 식으로 무마했나본데 그 사람 정말 챙겨 먹을 건 다 챙겨 먹는다고 벌써부터 소문이 자자했어. 수정 씨가 순진해서 잘 몰랐을 뿐이지."

그 말을 듣고 나는 등골이 오싹했다. 다른 사람도 아니고 존경하는 선배였고 내 인생의 방향을 제시해 주었던 사람이 나를 그런 식으로 배신할 줄이야. 나는 이 단체에서 몇 년 동안 일하면서 내심 그에게 누를 끼치지 않겠다는 마음을 갖고 있었기 때문에 다른 사람들보다 더 열심히 일했다. 그가 시키는 일이라면 내 개인 스케줄을 모두 희생하더라도 최선을 다해 일했다. 하지만 나는 그에게 유럽 연수만도 못한 존재였던 것이다.

이렇게 되고 보니 그의 모든 게 달라 보이기 시작했다. 그렇게 점잖고 위엄 있게 보이던 그의 얼굴도 가식적으로만 느껴졌고, 그가 열심히 일하는 모습을 보면 또 그걸 이용해서 자기 이익을 챙기려는 것처럼 생각되었다. 나는 점점 더 그를 사무적으로 대하기 시작했고 그도 나를 예전처럼 대하는 눈치는 아니었다.

그가 연수를 다녀온 얼마 후에 상황은 더 악화되었다. 평소와는 달리 나는 그의 제안에 이견을 제시했고 그로 인해 선임팀장은 곤란한 상황에 빠졌다. 내 생각이 나름대로 근거가 있었기 때문에 누구 하나 반론을 제시하지 못했고 결국 그의 제안은 통과되지 못하고 말았다.

그때부터 우리 두 사람의 관계는 걷잡을 수 없는 지경에까지 이르렀고 모든 일에 서로 부딪히게 되었다. 그는 선임팀장으로서의 권위를 지키려 했고 나는 지금까지 내 생각을 죽이고 맞춰왔던 것에서 벗어나 자유롭게 의견을 개진했다. 이런 모습이 그로서는 무척이나 당황스러웠을 것이다.

유럽 연수가 끝난 지 벌써 1년이 된 시점에서 그때의 안 좋은 기억은 거의 사라졌다. 하지만 지금까지도 그와는 그다지 좋은 관계가 아니다. 다른 무엇보다도 철석같이 믿었던 사람에게 배신당했다는 것 때문일 것이다. 어쩌면 그는 자신이 한 일은 생각하지도 않은 채 나를 보며 배신당했다고 생각할지도 모르겠다.

하지만 이런 껄끄러운 관계를 지속시키고 싶은 생각은 없다. 이 일을 하면서 나름대로 보람도 느끼고 평생 할 만한 일이라는 생각을 갖게 되었는데 결국 나를 이쪽으로 이끌어 준 사람은 그였기 때문이다. 이런 점에서 내 사적인 감정보다는 더 큰 그림을 그려야 했기에 그와의 갈등도 풀어 내야 한다는 생각을 갖고 있다. 적어도 한 번 정도는 그에게 내가 어떤 마음이었는지 털어놓고 그가 왜 그렇게 했는지 들어보고 싶다.

물론 서두르지는 않을 것이다. 믿었던 마음이 컸던 만큼 서로에 대한 갈등의 골 또한 깊을 것이기 때문이다. 어쩌면 나 또한 동료에게 비슷한 상처를 줄 수도 있을 것이므로 조금은 자존심을 버리고 선임팀장에게 먼저 내 생각을 말해 볼까 한다. 그가 외면할 수도 있겠지만 앞으로 내가 진심으로 그를 대한다면 우리 두 사람이 다시 서로에 대해 얘기해 볼 수 있는 가능성이 조금씩이라도 열리지 않을까 생각한다. 그날이 올 때까지 나는 적어도 그에 대한 믿음을 조금은 간직해 두고 싶다.

약속을 지키지 않는 사람은 곧 신용을 잃게 된다. 신용을 잃게 되면 그 다음부터는 그의 진심도 통하지 않는다. 약속을 지키지 않는 사람들의 특징은 일의 가능성과 자기의 능력을 점검해 보지 않고 느끼는 즉시 확답을 해 버리는 경우가 많다. 순간적인 기분에 응하고 나서는 더 이상 책임질 수 없는 상황에 처하게 되었을 때 슬쩍 빠져 버리는 것이다. 사람과의 약속은 반드시 기분과 감정으로 결정할 것이 아니라 상황과 능력을 정확하게 확인한 뒤에 결정해야 한다. 약속은 신중하게 하고 이미 약속이 되었으면 지키려고 최선의 노력을 다해야 한다. '예'와 '아니오'를 분명히 하기 어려워서 인정에 끌려 약속을 하는 경우가 많다. 하지만 '예'와 '아니오'를 분명히 하는 일을 몇 번 실천해 보면 익숙해질 수 있다. '아니오'라고 한다고 해서 관계가 깨진 것으로 생각하는 사람들이 있으면 잘 설득해서 관계와 약속의 여부는 전혀 다르다는 사실을 알려주어야 한다.

노여움은 항상 어리석어서 종종 후회로 끝난다. –피타고라스

부하가 없는 세상에서 살고 싶다

상사가 부하직원에게

의석 씨가 나를 멀리한 지 벌써 한 달이 되어간다. 입사한 지 7개월째인 의석 씨는 내 부사수이자 하나밖에 없는 부하직원이다. 그런데 이 부하직원이 입사한 지 4개월 만에 나한테 반기를 들고 나온 것이다.

그는 이번 공채에서 최고점을 받은 수재였기에 면접 담당관인 우리 부서장이 특별히 요구해서 우리 영업부서로 끌어온 사람이었다. 하지만 그는 신입사원이라면 하기 힘든 말이나 행동을 서슴없이 해댔다.

"성 대리님, 저는 술 안 마십니다. 앞으로는 저한테 술 권하지 마세요. 그 험악하던 군대생활을 하면서도 술 한번 입에 안 댔던 접니다. 어차피 안 마실 텐데 대리님이 술을 권하시면 저도 힘들고 대리님도 기분 언짢아지잖아요."

"야, 이 고참 얼굴을 봐서라도 한잔해라. 다른 사람들 앞에서 내 체면이 말이 아니다."

"제가 대리님 체면 때문에 지금까지 입에도 대지 않던 술을 마셔야 합니까? 저한테 음주 여부는 제 인생관과도 직결된 문제입니다. 그걸 포기하라는 건 저의 정체성을 포기하라는 말이나 마찬가지예요. 대리님도 아시잖아요."

"너 정말 그럴 거냐? 한잔만 하라는데도 안 되겠어?"

"안 됩니다. 저는 이 회사에 일하러 들어왔지 술 마시러 들어온 게 아니니까요."

의석 씨는 이렇게 나를 무시하면서 자기 입장을 고수했다. 솔직히 의석 씨의 입장을 모르는 바는 아니다. 모태신앙으로 자라 지금까지도 성실하게 신앙생활을 하고 있는 그로서는 음주를 강요하는 나를 마귀의 하수인처럼 생각했을지도 모른다. 뭐 꼭 그렇지는 않다 하더라도 나를 대할 때마다 심적으로 상당히 힘들었을 것이다. 하지만 나 또한 힘들다. 하나밖에 없는 부하직원이 매번 자기 입장만 고수하려 하고 벌써 진급했어야 할 나에게 또 다른 스트레스 요인으로 자리하니 말이다.

사실 나는 벌써 2년째 과장으로 진급을 못하고 있다. 동기들은 벌써 진급했고 입사가 나보다 2년이나 느린 후배가 진급한 경우도 있었다. 하지만 나는 아직까지 만년 대리다. 인사담당자한테 물어볼 수 없으니 내가 어떤 면에서 부족한지 알 수 없었다. 다만 분명한 것은 올해도 진급하지 못하면 다른 사람이 보기에 창피해서라도 이 회사에 더 이상 있을 수 없다는 것이다.

그렇게 의석 씨와의 불안한 동거를 하고 있었는데 그는 기어코 큰 문제를 일으키고 말았다. 그가 우리 회사에서 여름 맞이 이벤트로 시행한 제주도 여행상품 제공행사에 딴지를 걸고 나온 것이다.

사실, 이번 이벤트에는 약간의 비밀이 숨겨져 있었는데 총 20명을 추첨하는 행사에서 회사 임원급의 가족들이 절반 이상 혜택을 보게 된 것이다. 한마디로 추첨을 거치지 않고 당첨된 것처럼 리스트가 만들어졌고 정작 추첨을 통해 당첨된 사람들은 7명 정도밖에 되지 않았다.

솔직히 나도 이런 식으로 일을 처리하기는 싫었지만 윗선의 지시가 있었고 당장 진급을 생각하면 도저히 거부할 수 없는 일이었다. 하지만 내 부사수인 의석 씨의 생각은 달랐다. 그는 불이익을 보더라도 그런 일은 눈감아서는 안 된다고 나에게 따져 물었다.

"성 대리님, 이러면 안 되는 거잖아요. 대리님한테 정말 실망했습니다. 그런 식으로 고객들을 우롱하면 안 되는 거잖아요. 제가 안 이상 이런 식으로 넘어갈 수는 없어요."

"의석 씨, 진정하고 내 말 들어봐. 나도 이런 일 하고 싶어서 하는 줄 알아? 조직생활이라는 게 항상 자기 뜻대로만 되는 게 아니야. 나도 이사님하고 부장님이 시키니까 어쩔 수 없이 그냥 진행하는 거라고. 담당자니까 말이야. 그렇다고 더러운 일이니까 이사님이 직접 진행하라고 할 수는 없잖아."

"대리님 입장을 모르는 게 아니에요. 그렇다면 이건 잘못된 거니 이렇게 하지 말자고 말씀드린 적은 있나요? 아마 그런 말씀은 절대 하지 않았을 거예요. 그러면 대리님도 이런 더러운 일에 동참한 거나 마찬가지잖아요."

"이것 봐, 내 입장도 좀 생각해 줘. 내 동기들은 다 진급했고 후배 녀석들까지 진급하는 마당이야. 지금 내가 윗선에 대들면 더 이상 내 미래는 없는 거라고. 의석 씨도 그 정도는 알잖아. 자꾸 이러면 나는 정말 바보가 되어 버리고 만다고!"

"대리님은 그냥 넘어갈 수 있을지 몰라도 저는 절대로 그냥 못 넘어가요."

결국 일은 걷잡을 수 없을 정도로 커졌다. 의석 씨 일은 내 직속 상관인 김 과장과 그 윗선인 변 부장까지 보고 되었고 결국 부서장 주재 아래 대책회의까지 열렸다. 하지만 의석 씨가 마음을 바꾸지 않는 한 문제는 해결될 수 없는 상황이었다. 이 일로 나는 윗선에게 심한 질책을 받았고 이번 일이 외부에 알려지면 회사를 떠날 각오를 하라는 얘기까지 들었다. 이렇게 벼랑 끝에 몰리게 되면서 나는 의석 씨를 달래 볼 생각을 했다.

"의석 씨, 이번 주 토요일에 시간 있어? 내가 호텔 뷔페 티켓이 넉 장 들어와서 말이야. 시간 괜찮으면 우리 사수와 부사수 식구들이 한번 뭉쳐보자고."

"네, 시간은 괜찮아요. 혹시 이벤트 건 때문에 그러시는 거면 굳이 이러실 필요 없고요."

"이 사람이 정말……. 사수가 한번 이야기하면 들어주는 것도 있어야지. 그럼, 이번 주 토요일 12시에 호텔 로비에서 보자고."

이렇게 집사람까지 동원했지만 의석 씨의 태도는 나아지는 기미가 보이지 않았다. 나로서는 매일 의석 씨를 보는 게 엄청난 고통이었고 그가 순간적으로 내 눈 앞에서 사라졌으면 하는 마음까지 들기도 했다. 이벤트 건이 문제가 된 지 한 달이 지난 시점에, 부장은 결국 나와 의석 씨를 불러 차선책을 제시했다.

"성 대리, 자네 요즘 힘들지? 입장은 다르지만 의석 씨도 힘든 건 마찬가지일 테고. 하지만 이거 하나는 알아 둬. 사람이 모인 곳에서는 비리나 부정이 전혀 없을 수는 없다는 걸 말이야. 100퍼센트 완벽한 사람은 없다는 말이지. 그건 성 대리나 정의석 씨도 마찬가지일 거야. 그래서 내가 한 가지 제안을 하겠네. 지금 20명 가운데 13명 정도가 회사 식구들이 혜택을 보게 되어 있는데 최대한 줄여서 7명 정도만 혜택을 보도록 하는 선에서 타협하도록 하세. 그 이상 줄이는 건 나도 힘들어. 어떤가, 의석 씨."

"……."

"그리고 정의석 씨, 이번 일로 윗선에서 자네를 어떻게 생각하든지 그건 전적으로 자네 책임이야. 다른 사람들을 탓하지 말게. 자네의 올곧은 성품이나 정체성은 나도 인정하지만 이렇게 한 사업본부 전체를 들썩거리게 하는 것은 나도 절대로 용납할 수 없는 일이니 말이야."

"……."

의석 씨는 아무런 대답을 하지 않았지만 자신이 더 이상 회사에 근무하기 힘든 상황에 처했다는 것을 알아차린 듯했다. 그는 더 이상 그 문제를 거론하지는 않았지만 그도 나도 이번 일로 상당한 상처를 입게 되었다. 이미 소문이 퍼졌는지 우리 부서 사람들은 물론이고 다른 부서 동료들마저 의석 씨를 곱게 보지 않는 눈치였다. 하지만 나는 의석 씨가 더 이상 이벤트 건을 문제 삼지 않은 것이 정말 고마웠다.

어쨌든 그는 이번 일로 자기 양심과 정체성에 상처를 입게 된 것이다. 그래서 사람들이 그를 멀리하며 욕할 때도 내가 할 수 있는 대로 그를 감싸 주려고 노력했다.

그로부터 6개월 뒤에 나는 과장으로 승진하면서 지방 영업소에 지사장으로 발령을 받았다. 이 또한 의석 씨가 참아 준 덕분이었다. 나는 영업소에서도 의석 씨에 관한 소식이 궁금해서 주변 사람들에게 물어보았는데, 내가 전근하고 난 뒤에 그는 무척이나 힘든 시간을 보내고 있다고 했다. 동료들의 따가운 눈초리에 상사들의 위압적인 분위기 속에서 많이 지쳐 있다고 했다.

그때 나는 의석 씨를 만나 함께 영업소에서 일해 보지 않겠느냐고 제안했다. 본사 직원이 지방 영업소 근무를 지원하면 큰 문제가 없을 경우 얼마든지 가능했기 때문이다. 그로부터 6개월 뒤에 의석 씨는 우리 영업소로 자리를 옮겼고 지금까지 나와 함께 2년째 일하고 있다. 처음에 미운 정으로 출발했다가 이제는 고운 정까지 들어버린 우리는 서로를 무척이나 배려하는 사이가 되었다.

나는 이제 문제가 될 만한 건에 대해서는 과감하게 의견을 개진하게 되었다. 예전 같았으면 꿈도 못 꿀 얘기다. 내 옆에 의석 씨가 있기에 그런 일이 가능해졌지만, 이제는 오히려 의석 씨가 너무 심하지 않느냐고 하면서 말리기도 한다.

비록 처음에는 힘들고 어려운 관계였지만 어두운 터널을 통과하고 나니 누구보다도 더 가까운 사이가 된 의석 씨와 나. 그가 나를 배려했듯이 나도 그에게 조금이나마 힘이 되어 주고 싶다. 그와 일하든 일하지 않든, 이 마음 변하지 않길 간절히 바란다.

직장생활을 하다 보면 일반적인 통념을 벗어난 사고와 행동을 하는 사람들을 만나게 된다. 더욱이 그런 사람이 팀의 부하직원이라면 더욱 신경이 쓰이는데, 그런 사람들과 얘기하다 보면 부담스럽기도 하고 스트레스가 쌓이는 경우도 있다. 하지만 기억해야 할 것은 자신 또한 다른 누군가에게 자신이 느끼는 부담과 스트레스를 줄 수도 있다는 것이다. 수많은 사람 가운데 특정한 사람과 직장이라는 한울타리에서 일하게 되었다는 사실은 그야말로 기적에 가깝다. 그렇기 때문에 그 사람을 애정 어린 눈길로 바라보며 끝까지 포기하지 말고 장점을 키워주는 연습을 해야 한다.

개인의 시대는 지나갔다. 집단이 존재하는 세계에는 무한한 힘이 있다. -마치니

내 상사는 마녀

부하직원이 사장에게

지금 사장을 만나 함께 일하게 된 것은 내가 한 잡지사에서 주최한 강연회에 참석하면서부터다. 당시 나는 대학을 졸업하고 모 잡지사에서 일한 지 1년 정도 되었을 때였는데, 일생을 잡지에 걸어보고 싶은 마음에 유명 인사들의 강연회를 기웃거리고 있었다. 사장은 여러 잡지사에서 15년 동안 일하면서 잔뼈가 굵은 사람이었고 마침 그 강연회에 강사로 초빙되어 그 자리에 선 것이다.

나는 사장과 안면을 트게 되면 앞으로 여러 가지 도움을 많이 받게 될 것이라 생각하고, 강연 시간이나 강연이 끝난 뒤에 질문할 때 적극적으로 임했다. 그리고 헤어질 때는 명함을 주고받으며 내 존재를 각인시키려 애썼다. 그러고 나서 사흘 뒤에 사장으로부터 전화가 왔다.

"혹시 임태중 씬가요? 저는 며칠 전에 강연회에서 봤던 조은희예요. 저 기억하시겠어요?"

"아, 사장님이세요? 저 임태중입니다."

"지금 전화 받기 괜찮나요?"

"네, 말씀하세요."

"아, 그렇구나. 호호호. 있잖아요, 제가 임태중 씨 스카우트하고 싶은데 어때요?"

"네? 음, 사실 제가 지금 직장에 다니고 있어서요."

"그래서 저도 고민하다가 이렇게 연락드렸던 거예요. 가능하면 빨리 오면 좋지만 일을 깔끔하게 마무리하는 데 석 달 정도 걸린다면 그것도 괜찮아요."

"그럼 한 사흘 정도만 생각할 시간을 주실래요? 제가 사흘 뒤에 연락드리겠습니다."

이렇게 해서 조은희 사장과의 만남이 시작되었다. 나는 사흘 뒤에 조 사장에게 전화를 걸어 같이 일하고 싶다고 했고 그로부터 한 달 뒤에 나는 회사에 합류했다. 하지만 조 사장의 잡지사 일은 만만치 않았다. 나는 처음에 사장이 잡지를 직접 발행하는 줄 알았는데 실상은 잡지 대행업에 지나지 않았다. 게다가 조 사장 외에 다른 한 명의 사장이 더 있어서 잡지사는 일종의 동업체제로 운영되고 있었다.

그러니 나는 조 사장의 지시와 함께 나이가 지긋한 강 사장의 지시까지 받아야 했다. 잡지의 특성상 한 종을 만들려면 15일 동안은 죽어라 일하고 나머지 15일은 기사를 쓰기 위해 사람들을 만나러 돌아다니거나 기사거리를 찾아다닌다. 하지만 대행사의 성격이라 우리는 한 달에 3종의 잡지를 만들어야 했으니 제대로 된 기사를 작성할 만한 여유가 전혀 없었다. 이러다 보니 사장은 글을 만들어내는 사람보다는 단순히 손이 빠른 사람을 선호하게 되었다.

게다가 사장은 나를 술자리에 자주 데리고 나갔다. 처음에는 사장이 나를 인정해서 함께 가자고 하는 줄 알았는데 알고 봤더니 나를 술상무로 취급한 거였다. 회사에 직원들이 모두 여자였기 때문에 기본적으로 술에 약했고, 사장은 자기 대신 술을 마셔줄 사람이 필요했던 것이다. 내가 이런 사실을 알게 되었을 때 사실 큰 충격을 받았다. 나를 필요로 했던 게 고작 술 때문이었던가! 한편으로는 어처구니가 없었고 다른 한편으로는 황당하기까지 했다.

또 한 가지 심각한 문제가 있었다. 직원들이 모두 다섯 명이었는데 앞에서 언급한 것처럼 나를 제외하고는 모두 여자였다. 그들은 자기네들끼리 피터지게 싸우면서도 한 명뿐인 남자인 나를 일방적으로 몰아세웠다. 만일 두 사람이 어떤 얘기를 나눴다 하면 1시간도 못되어 모두 사장에게 보고 되었다. 그런데 두 사람이 나눈 얘기가 서로 다르게 보고 되니 그야말로 웃기는 노릇이었다. 나는 처음에는 이런 상황을 모르고 입사했던 터라 사람들에게 흉허물 없이 내 입장을 얘기해서 곤란한 상황에 빠지기도 했다.

"말순 씨, 저는 요즘 잡지계에 난다긴다하는 김 주간이 전혀 부럽지 않아요. 그가 뛰어나긴 하지만 나는 지금 꾸준히 외국 트렌드도 연구하고 마케팅 공부도 하면서 잡지계를 입체적으로 이해하려고 노력하고 있으니까요. 그 사람하고 저하고 나이가 한 살밖에 차이가 안 나잖아요. 저는 그를 충분히 능가할 수 있다고 생각해요."

"업계에서는 김 주간을 우리 조 사장님하고 동급으로 대우하고 있는데요? 그럼 태중 씨는 조 사장님보다 더 잘할 수 있다고 생각하는 건가요?"

"지금은 어림없지만 제가 열심히 노력하면 능가할 수도 있다고 생각해요. 아무리 재능이 뛰어나도 열심히 노력하는 데 당할 사람은 없으니까요. 저는 잡지에 모든 걸 다 걸었어요. 죽을 때까지 해볼 겁니다."

말순 씨와 이렇게 열띤 토론을 벌였지만 그 얘기는 전혀 엉뚱한 방향으로 사장에게 들어갔다. 내가 이런 사실을 알게 된 것은 그 다음날 오후에 사장이 나를 호출했을 때였다.

"태중 씨, 정말 실망이에요. 어쩜 그럴 수가 있죠? 나는 태중 씨가 듬직하고 신중한 사람이라 생각했는데 나를 욕했다면서요? 뭐 내가 별 볼일 없는 사람이고 태중 씨가 나보다 낫다고 했다면서요? 정말 막가는 사람이군요, 태중 씨는."

"사장님, 정말 어안이 벙벙하네요. 도대체 어디서 무슨 얘길 들으셨는지 모르겠지만 오해하신 것 같습니다."

"말순 씨가 모두 다 얘기하던데 지금 와서 발뺌할 건가요? 잘못했으면 정직하게 인정해야죠. 이런 식으로 거짓말하면 태중 씨만 더러워져요."

"말순 씨가 그랬다고요? 정말 할 말이 없군요. 일단 저는 말순 씨에게 그런 말을 한 적이 없습니다. 단지 업계에서 잘 나가는 김 주간에 대해 얘기하면서 그와 내가 나이가 비슷하니까 저도 열심히 노력하면 그를 능가할 수 있을 것이라고 얘기했고, 업계에서 김 주간과 사장님을 같은 레벨로 놓고 보니까 앞으로 최선을 다하면 언젠가는 저도 잡지계에서 인정할 만한 사람이 될 거라는 취지로 얘기한 거예요. 지금 현재 사장님보다 더 뛰어나다고 얘기한 적은 없습니다. 그리고 한 가지 말씀드릴 게 있어요. 제가 만일 사장님이라면 말순 씨처럼 그런 식으로 고자질하는 사람 말은 절대 믿지 않을 겁니다. 서로 개인적으로 한 얘기를 이리저리 옮기는 것만큼 더러운 게 없죠."

"좋아요, 그럼 말순 씨에게 다시 한 번 확인해 봐야겠군요. 어쨌든 저는 몹시 불쾌해요."

"물어보실 게 없으면 저는 그만 가보겠습니다."

나는 이런 식으로 사장실을 나와 다시 일에 전념했다. 하지만 그런 상황 자체가 너무도 역겨워 도무지 일이 손에 잡히지 않았다. 내가 실수한 게 있다면 이직을 할 때 조 사장의 성품에 대해 면밀하게 확인하지 못했다는 것이었다. 사장의 실력에 대한 평가만 믿고 인격이나 성품에 대한 평판은 제대로 확인하지 못했기에 이런 상황을 만났다는 생각이 들었다.

그 뒤에 나는 말순 씨에게 왜 그런 식으로 말을 바꿔 전달했냐고, 앞으로 두 번 다시는 개인적인 얘기는 할 수 없겠다고 선언했다. 하지만 그게 또 화를 불러 말순 씨는 다른 직원들에게 나에 대한 안 좋은 얘기들을 만들어 퍼뜨렸다. 직원들은 자기들끼리만 식사하러 나가고 나는 왕따를 시키면서 세력을 과시했다.

그로부터 8개월 정도의 시간이 흘렀다. 하지만 직원들의 태도는 바뀌지 않았고 사장 또한 마찬가지였다. 말순 씨는 내가 제안하는 모든 기획안에 대해 반발하거나 폄하했고 다른 직원들은 아무런 반응을 보이지 않는 것으로 동조했다. 심지어 사장은 내가 작성한 기사 가운데 단어 하나를 잘못 사용했다고 트집을 잡으면서, 자기 앞에서 사전을 찾아 그 의미를 직접 읽어 보라는 식으로 나를 모욕했다. 나는 사장 앞에서 또박또박 그 의미를 읽어 내려갔고 결국 사장이 잘못 알고 있었던 것으로 드러났다.

그 사건 이후로 사장은 나에 대한 결심을 굳힌 듯했다. 나는 사장을 처음 만났을 때부터 마지막 순간까지 사장에 대한 기본적인 예의를 잃지 않았지만, 사장은 어떻게 하면 내가 스스로 그만두게 만들 수 있을까를 매일 연구하는 사람처럼 보였다. 나는 거의 매일 야근했고 주말에도 쉬지 않고 일에 매달렸다. 심지어 일 때문에 늦게 퇴근하는 바람에 만삭의 아내가 먹고 싶어 하는 것을 못 사다 준 적도 많았다.

나는 사장에게 나의 진심을 보여 주고 싶었다. 오해도 풀고 싶었고 사장이 나에 대해 갖고 있는 편견이 잘못된 것이라는 사실을 알려주고 싶었다. 하지만 상황은 나에게 너무도 불리했다. 그러던 어느 날 사장은 결국 나에게 최후통첩을 해왔다.

"태중 씨, 이제 그만 우리 회사에서 나가 주었으면 좋겠어요. 태중 씨하고 계속 일하고 싶었지만 제가 아직 덜 된 인간인지 태중 씨를 도저히 감당할 수가 없네요. 태중 씨를 스카우트한 게 저니까 저한테도 책임이 크지만 지금으로서는 태중 씨하고 도저히 함께 일할 수 없을 것 같아요. 일단 다른 직장을 구할 때까지는 한두 달 더 계셔도 됩니다."

"아니오, 사장님이 저에 대해 그렇게 생각하셨다면 오늘부로 그만두겠습니다."

"태중 씨가 관심이 있다면 내가 아는 사람에게 다른 분야의 직장을 알아봐 줄 수도 있어요. 어쨌든 나한테도 책임이 있으니까요."

"필요 없습니다."

나는 그 말을 끝으로 조 사장의 잡지사를 그만두었다. 그때 아내는 만삭이었고 출산이 채 20일도 남지 않은 상황이었다. 조 사장도 그런 상황을 알고 있었지만 자기 눈에 거추장스럽게 느껴지는 존재를 절대로 두고 보지 못하는 성격이라 더 이상 기다리지 못하고 나를 내쫓은 것이었다. 나 또한 그런 이야기까지 듣고 더 이상 굴욕적으로 잡지사를 다닐 수가 없었기 때문에 깨끗하게 그만두겠다고 한 것이다. 하지만 나가는 순간까지 조 사장은 나를 실망시켰다. 당연히 내가 받아야 하는 보너스를 주지 않고 나를 내보낸 것이다. 보내 주겠다고 큰소리를 쳐서 믿었지만 결국 보내 주지 않았다. 그 뒤에 들리는 얘기로는 말순 씨도 결국 잡지사를 그만두게 되었다고 한다. 어쨌든 분란을 일으켜 자신의 심기를 어지럽게 했으니 계속 두고 볼 수 없었을 것이다.

조 사장과의 만남을 통해 깨달은 게 있다면 사람들이 모두 자기 생각과 같지 않다는 것이다. 아무리 진심으로 대해도 그 마음을 이해하거나 받아 주지 않는 사람도 있다는 것이다. 그게 바로 나약하고 죄 많은 인간의 모습이라는 것일까? 하지만 한 가지 더 깨달은 게 있다면, 그렇다 하더라도 결코 좌절하거나 절망할 필요는 없다는 것이다. 나 또한 어떤 사람에게 조 사장과 비슷한 존재로 다가갈 수도 있기 때문이다.

그때 이후로 5년이 흘렀지만 나는 조 사장이 제안한 것처럼 다른 분야로 이직하지 않고 여전히 잡지사에서 일하고 있다. 조 사장은 나를 멸시했지만 그때 이후로 나 또한 이를 악물고 일해서 이제는 제법 인정받는 주간이 되었다. 하지만 조 사장이 할퀸 상처는 몇 년이 지나도 여전히 내 피부 깊숙이 남아서 나를 괴롭힌다. 어쩌면 그 상처가 평생 갈지도 모르지만 내가 할 것은 그 상처 때문에 괴로워하는 게 아니라, 그런 상처 때문에 힘들어하는 사람들에게 필요한 조언과 도움을 주는 것이라 생각한다. 그게 바로 지금 내가 할 수 있는 유일한 것이 아닐까.

남성 중심의 가부장제가 오랫동안 이어져 내려온 우리나라 상황에서 남자직원이 여자상사 밑에서 일할 때 스트레스를 경험하는 경우가 많다. 여기에 기질이나 성향까지 다를 경우에는 서로 엄청난 상처와 아픔을 주면서 결국 한쪽이 회사를 그만두게 된다. 직원이 많은 중소기업 이상의 규모에서는 그런 갈등이 심각하게 드러나지 않지만, 소규모 기업에서는 심각한 갈등을 초래할 수 있다. 이럴 때는 '나는 일하기 위해 이곳에 왔고 그(녀)는 최선의 성과를 위해 일하는 직장동료이며 그(녀)는 내가 갖지 못한 장점을 갖고 있다.'는 의식을 갖고 서로를 대하는 게 중요하다. 자기 생각이나 주장에 맹목적인 자신감을 갖고 있는 경우에는 상대방을 필요 이상으로 억압하거나 비난할 수 있다. 그러므로 자신을 포함해 이 세상 모두가 완벽하지 않다는 사실을 인정하고 겸손한 마음으로 상대방의 장점을 눈여겨보는 태도를 지향해야 한다.

추위에 떠는 사람일수록 태양의 따뜻함을 느낀다. 인생의 고통을 겪는 사람일수록 생명의 존귀함을 안다. -휘트먼

친·구·및·교·우·관·계 7부

내 마음의 문을 열어야 상대방의 문을 열고 나갈 수 있다

사람들 사이의 의사소통은 서로의 마음을 확인하는 중요한 통로다. 자신의 마음을 상대방이 알아주길 바라는 것은 상대방에게 너무 큰 것을 요구하는 일이다. 사람인 이상 우리는 상대방이 이야기하지 않으면 눈치채지 못하는 경우가 많다.

내 남자친구의 결혼식

친구관계

나에겐 무엇과도 바꿀 수 없을 정도로 친했던 친구 두 명이 있었다. 경목이와 광욱이. 경목이는 고등학교와 대학교까지 함께 다녔고 광욱이는 대학교 때 친해져 4년 동안 줄곧 함께 다녔다. 하지만 평생을 함께해도 좋다고 생각할 만큼 친했던 두 친구는 한 순간 내 곁을 떠나갔다.

지금으로부터 10년 전 나는 동기들 가운데 가장 일찍 결혼을 했다. 내 나이 스물여섯이었으니 남자로서는 일찍 결혼한 셈이었다. 나는 동기들보다 한 한기 일찍 졸업해서 상대적으로 빨리 독립했기 때문에 결혼할 준비가 되어 있었지만 동기들은 아직 직장을 잡지 못한 상태였다. 하지만 서울에서 태어나 명문대를 졸업한 뒤에 방송사 기자가 된 나는 이른바 출세 코스를 밟고 있었다. 그렇기 때문에 친구들을 볼 때도 항상 내가 그들을 이끄는 사람이라는 의식이 강했다.

그러던 중에 나는 지방의 지사로 발령을 받아 그곳에서 1년을 근무하게 되었는데, 그때 마침 경목이가 결혼한다는 소식을 전해 왔다.

"재성아, 올 7월에 형님 결혼한다!"

"뭐, 결혼? 야, 너 너무한 거 아냐? 그동안 전혀 소식이 없더니 갑자기 결혼한다고?"

"그렇게 됐다. 너 지방에 있다고 이 형님 결혼식 빼먹으면 안 되는 거 알지?"

"야, 우리가 어떤 사인데 그런 말을 하냐! 그날은 내가 우리 집 공휴일로 지정해 놓고 준비하고 있을 테니 걱정하지 마."

"알았다, 그럼 그때 보자!"

경목이의 전화를 받고 나는 결혼식에 꼭 가겠다고 약속했다. 아니 그것은 약속하고 해야 하는 일이라기보다는 진정한 친구라면 당연히 해야 할 도리였다. 하지만 나는 그러지 못했다. 당시 나는 인생에서 중요한 기로에 서 있었다. 방송국 일은 처음 기대했던 것과는 달리 적성에 맞지 않았고 나의 고민과 갈등은 점점 더 깊어지고 있던 때였다. 아내와 시간을 보내는 것조차 힘든 상황에서 주말에 친구 결혼식에 간다는 것은 당시로서는 도저히 불가능한 일이었다.

마지막 순간까지 망설이던 나는 결국 경목이의 결혼식에 가지 않았다. 아내는 이런 나에게 안 가도 되냐고 다그쳤지만 나는 아무 말도 하지 않았다. 그런데 이상한 것은 가끔씩 연락하며 지내던 경목이에게서 그때부터 아무 연락을 받지 못하게 된 것이다. 하긴 그렇게 믿었던 친구에게 일종의 배신을 당한 셈인데 연락을 하고 싶었겠는가. 하지만 나로서는 경목이의 그런 태도가 전혀 이해되지 않았다.

그때까지 나는 경목이의 정신적 지주 역할을 해왔다. 그가 어려워하는 문제에 대해 시간을 내어 상담을 해주었고 심지어 공부 스케줄을 잡는 것까지 도와주면서 항상 함께했었다. 그런데 결혼식에 참석하지 않았다고 모든 인연을 끊겠다는 것은 도대체가 말이 되지 않았다. 오히려 나는 경목이에게서 심한 배신감을 느꼈다.

하지만 나는 그때 내 생각만 한 것 같다. 내가 그의 입장이었다 하더라도 그만큼 화가 나지 않았을까. 그는 나의 결혼식에 참석했고 시간을 내어 축하를 해주었다. 하지만 나는 그러지 않았다. 그러면 도대체 누가 더 잘못한 것인가. 먼저 사과해야 할 쪽은 바로 나였다. 이렇게 분명한 사실 앞에서도 나는 도무지 인정하지 않았다.

경목이와 광욱이의 태도도 나를 무척이나 실망시켰다. 당시 그들은 모두 서울에서 생활하고 친구들과 함께 지내고 있었다. 그들은 모두 서울에 계시는 우리 부모님 전화번호를 알고 있었기 때문에 마음만 먹으면 언제든 우리 집으로 전화할 수 있었다. 하지만 그들은 작심한 듯 한 번도 전화하지 않았다. 그렇게 세월이 흘러 10년이 흐른 것이다.

나는 그동안 그들에 대해 분노를 넘어 실망과 체념 단계까지 가 있었다. 그들은 더 이상 내 친구들이 아니었고 그들과 함께했던 시간들은 모두 무가치하고 헛된 순간처럼 느껴졌다. 친구들에게 배신당했다는 마음이 내 영혼을 갉아 먹었고 다른 인간관계에까지 영향을 미쳤다.

결국 입사한 지 5년 만에 방송국을 그만둔 나는 대기업의 홍보팀에 들어가 사보 담당 팀장으로 일하게 되었다. 이 일은 제법 적성에 맞아 나름대로 보람을 갖고 일하게 되었다. 그러던 중에 나는 식사하러 가다가 우연히 대학 동아리 선배를 만나게 되었다.

그는 나와 전혀 연락이 안 되서 내가 외국에 나간 줄 알았다고 했다. 그런 그의 말에 조금 황당하기도 했지만 일단 서로 명함을 주고받으며 앞으로 자주 연락하며 지내자고 하고 헤어졌다. 그런데 바로 다음날 경목이와 광욱이에게서 연락을 받았다.

"혹시 재성이냐? 나 경목이다. 자식, 살아 있었구나! 그동안 왜 그렇게 연락이 없었냐."

"경목이구나, 그래 정말 너구나! 물론 살아 있었지. 너는 어떻게 지냈냐?"

"잘살고 있지 뭐. 진경이하고 결혼해서 이제 내년이면 나도 학부모야."

"벌써 그렇게 됐구나."

경목이와 얘기하면서 나는 이 순간을 그냥 넘겨서는 안 될 것 같았다. 그래서 경목이에게서 광욱이 전화번호를 받아 그에게도 전화했고 서로 메일주소를 교환한 뒤에 자주 연락하자고 했다. 사실 하고 싶은 얘기는 많았다.

'너희들 다 서울에 있으면서 왜 지방에 홀로 있는 나한테는 그동안 아무런 연락이 없었냐고.'

'네가 나를 친구로 생각했다면 왜 결혼식에 오지 못했는지 물어보기라도 했어야 했다고.'

하지만 나는 그렇게 하지 않았다. 무엇보다도 내가 그들에게 준 상처도 무척이나 컸을 것임을 알았기 때문이다. 아마 경목이가 나에게 전화하기까지 그 친구도 많은 고민을 했을 것이다. 자존심 문제도 있었을 것이고 전화했을 때의 내 반응에 대해 두려움과 기대감을 동시에 느꼈을 것이다. 그렇지만 결국 경목이는 나에게 전화를 걸었고 나는 그의 용기와 배려에 진심으로 고마워하고 있다.

10년이란 세월 동안 나를 무척이나 짓누르고 있던 친구관계는 뜻밖의 만남을 통해 해결되었다. 나는 이제 친구들에게 주말마다 전화를 건다. 요즘은 전화선 넘어 전해지는 친구들의 근황만큼 풋풋한 것이 없다. 쉽지 않게 회복된 친구들과의 관계이기에 앞으로 그들과의 만남을 더욱 소중하게 여기며 살아가고 싶다. 10년 동안 나 혼자 끌어안고 있던 고민을 그들과 함께 나누며 남은 인생을 그들과 동행하고 싶다.

결혼식이나 장례식에 참석하지 못하는 경우처럼, 우리는 개인적인 사정 때문에 친구에게 예의를 지키지 못하는 경우가 있다. 이때 미안한 마음에 아무 말도 하지 않고 지나가게 되면 그것에 대한 죄의식을 느끼고, 그러다보면 그것을 확대 해석하여 친구와의 관계가 단절되었다고 확신하는 경우가 있다. 자신의 잘못으로 인해 문제가 생기거나 오해받을 만한 상황이 발생할수록 그 사정을 이야기해서 친구를 안심시키고 또 나를 안심시키는 지혜가 필요하다.

먼 과거에 몰두하지 말고 가까운 현재를 파악하라. –쉴러

믿음과 세속 사이에서

교인이 목회자에게

흔히 잘 나가던 교회를 한두 번씩 빠지다가 교회를 나가지 않게 되면 시험에 들었다고 하거나 믿음을 잃었다고 한다. 나도 바로 그런 경우다. 초등학교 때부터 다니기 시작해서 근 30년 동안 교회를 다녔지만 요즘은 왠지 교회에 가기가 싫다. 중고등부 교사에다 안수집사까지 하면서 지금껏 교회를 열심히 섬겨 왔지만 요즘 교회 돌아가는 것을 보면 단 한 순간도 교회에 발걸음을 하기 싫은 것이다.

문제는 담임목사님이 아들을 후임 목사로 앉히려고 한 데서 시작되었다. 교회를 개척해서 1,500명이나 되는 교회로 키운 데다 워낙 존경을 받던 목사님이었기 때문에, 그동안 목사님의 의견에 반대하거나 이견을 제시하는 사람은 없었다. 하지만 교회를 아들에게 물려주는 사안에 대해서는 상당수가 예민하게 반응했다.

목사님 아들이 특별히 문제가 있었기 때문에 반대한 건 아니었다. 단지 교회는 기업체가 아니기 때문에 물려주고 물려받을 대상이 아니라는 생각 때문이었다. 오랫동안 담임목사님과 함께해 온 장로들은 이 사안에 찬성했지만, 대부분의 젊은 집사들은 강력하게 반대했고 나도 그 가운데 하나였다.

이러다 보니 매 주일마다 듣는 설교도, 예배가 끝난 뒤에 목사님과 마주 잡는 악수도 괜히 어색하고 부담스럽게 느껴졌다. 목사님도 내가 아들의 담임 초빙을 반대하는 모임을 이끌고 있다는 사실을 아시는지 나와 악수라도 하게 되면 예전처럼 밝게 웃지 않고 괜히 머쓱해 하셨다.

이런 상황이 지속되면서 초빙 찬성파와 반대파의 갈등은 더 심해졌고 결국 고성이 오가는 상황까지 이르게 되었다.

"김 집사, 이렇게 생각하면 안 되겠습니까? 교회가 분명 개인의 소유는 아니지만 목사님 아들이라고 해서 무조건 안 된다고 선을 그을 필요는 없잖아요. 그분이 그만한 능력과 자질이 있으면 교회를 이끌 수 있도록 맡길 수도 있다는 말이죠."

"장로님 말씀 이해 못하는 게 아닙니다. 하지만 믿지 않는 사람들이 이런 모습을 보면 어떻게 생각하겠습니까? 목사도 교회를 키워 자기 아들에게 세습한다고 하지 않겠습니까? 저는 우리 교회가 다른 방식으로 우리 교회 출신 목회자들을 돕는 것은 찬성하지만, 이번처럼 목사님 아들을 담임목사로 초빙하는 것은 바람직하지 않다고 생각합니다."

"허허, 참. 우리한테 목사님이 어떤 분입니까! 아버지 같은 분이라는 건 김 집사도 잘 알잖아요. 전혀 무능한 사람을 담임으로 초빙하자는 것도 아닌데 왜 그렇게 까다롭게 굴어요?"

"어쨌든 저는 신앙인의 양심상 제가 30년이나 섬겨온 이 교회가 그릇된 길로 가는 걸 그냥 보고 넘길 수만은 없습니다. 장로님도 아시다시피 지금 3분의 2 정도가 반대하고 있지 않습니까! 그분들도 뭔가 잘못된 게 있다고 생각하기 때문에 반대하는 거지요. 저 혼자 고집을 부리는 게 아니라는 점을 이해해 주시길 부탁드립니다."

이렇게 여러 차례 이견이 오고가면서 성도들 사이의 갈등은 더욱 깊어졌다. 또 상황이 이렇게 되고 보니, 그동안 목사님을 존경하고 따르던 사람들 가운데 교회를 떠나는 사람들도 생겨나고 회의 시간에 강도 높게 비판하는 사람들도 나타났다. 이런 상황이 더 지속되다가는 교회가 사분오열하는 상황까지 벌어질 수도 있었다.

마침내 담임목사님이 각 기관의 대표자들을 중심으로 회의를 소집했다. 장로들과 남녀전도회 대표들, 그리고 청년회장이 참석하는 비공식 회의였다. 거기서 목사님은 자신의 의견을 솔직하게 들려주셨다.

"오늘 여러분들을 이렇게 모신 것은 아시다시피 저와 제 아들과 관련된 문제 때문입니다. 솔직히 이렇게 분란을 일으키게 되어 먼저 여러분들께 죄송하다는 말씀부터 드려야겠습니다. 제가 처음부터 아들을 담임목사 자리에 앉히려고 했던 건 아닙니다. 두 번 정도 완곡하게 거절 의사를 밝혔었지요. 하지만 장로님들이 강하게 추천하셔서 다른 분들의 반대 목소리가 크다면 즉시 철회할 생각이었지요. 그런데 이제 반대 목소리를 떠나 교회에 파가 생길 정도로 문제가 커졌으니 솔직히 목회자로서 면목이 없습니다."

"목사님, 저희들도 자제분인 이 목사님이 미국에서 목회하시면서 청년선교를 주도할 정도로 인품과 능력을 갖춘 분이라는 걸 잘 압니다. 하지만 우리 교회를 바라보는 사람들의 시선을 생각하면 목사님과 교회를 사랑하는 마음 때문에라도 반대할 수밖에 없었습니다."

"그 마음은 저도 알지요. 여기 계신 분들 가운데 상당수가 교회를 개척할 때부터 저와 함께하셨던 분들이니까요. 그래서 저도 이 문제 때문에 지금까지도 기도하고 있답니다. 어찌되었건 장로회의 결정을 수용한 것도 저니까 이제 제가 결자해지의 심정으로 결단을 내리겠습니다."

"목사님……."

"사실 지금 당장 투표로 결정하자는 분들도 계셨고 조금 더 시간을 갖고 성도들을 설득해 보자는 분들도 계셨어요. 하지만 저는 이제 손에 뭔가를 쥐기보다는 제 손을 비우고 하나님이 채워 주시는 것을 기다리려고 합니다. 제가 빈손으로 교회를 개척했을 때 하나님이 모든 것을 채워 주시고 준비하셨듯이 우리 아이에게도 그렇게 하시리라 믿습니다. 지금 이 순간부터 제 아들을 우리 교회의 담임으로 초빙하는 안건은 없던 것으로 하겠습니다. 그러니 여러분들은 각 부서의 성도들이 더 이상 이 문제 때문에 갈등하지 않도록 잘 설명해 주시길 부탁드립니다."

"목사님, 너무 갑작스러운 결정 같습니다. 조금 더 생각하신 뒤에 결정하셔도 늦지 않으실 텐데요."

"아닙니다. 아무래도 제 욕심이 컸던 것 같아요. 타면 안 되는 줄 알면서도 괜히 외줄타기를 시작해서 그동안 얼마나 힘들었는지 모릅니다. 이제 그 외줄에서 내려오렵니다."

이렇게 해서 담임목사님 아들을 새로운 담임으로 초빙하려던 계획은 백지화되었다. 감사한 것은 그래도 내가 30년 동안 신뢰했던 담임목사님과의 관계가 깨지지 않고 그분을 더욱 신뢰하게 되었다는 사실이다. 담임목사님 아들이 목회하는 미주지역 교회와는 청년선교와 관련해서 든든한 협력관계를 구축하기로 했다. 인터넷으로 청년선교 관련 정보를 지속적으로 교환하고 분기별로 프로그램을 만들어 한국과 미국을 오가며 단기선교 프로그램을 운영하고, 담임목사님 아들을 특별 강사로 초빙해서 우리 교회 청년들의 선교의식을 고취시켰다.

이렇게 함으로써 우리교회는 청장년들을 중심으로 좀 더 발전적인 마인드와 리더십을 구축하게 되었고, 어려움을 슬기롭게 극복함으로써 성도들 모두가 더 한층 단합하게 되었다.

요즘 담임목사님을 만날 때면 가끔 그때 일을 말씀하시곤 한다.

"김 집사님, 그때는 정말 고마웠습니다. 제가 큰 실수를 할 뻔했는데 집사님이 잘 반대해 주었어요. 평신도나 목회자나 맡은 역할이 다를 뿐이지 하나님 안에서 모두 평등하지요. 저는 일평생 이 원칙 하나를 지키며 살아왔는데 어쩌면 지난번에 그 원칙을 깨뜨릴 수도 있었어요. 하지만 김 집사님 덕분에 그 원칙을 지킬 수 있어서 하나님께 얼마나 감사한지 모릅니다. 이제 얼마 안 있으면 저는 물러나 원로 목사가 되더라도 제가 그 원칙을 잘 지킬 수 있도록 집사님이 옆에서 도와주세요. 부탁합니다."

"목사님의 말씀 항상 깊이 간직하겠습니다. 때로 옳다고 생각하는 일을 보통 사람들보다 두세 배나 더 과격하게 밀고 나가는 저를 이렇게나 넉넉하게 받아 주셔서 정말 고맙습니다. 목사님의 기대에 어긋나지 않게 앞으로 더 열심히 그리고 겸손하게 교회를 섬기겠습니다."

만일 회사나 세속적인 모임에서 이런 일이 벌어졌다면 아마 그 모임은 벌써 깨지거나 원수가 되어 버렸을 것이다. 하지만 하나님이 모으신 성도들이기에 우리는 다시 하나가 될 수 있었고 서로를 용서하고 받아들일 수 있었다. 나의 단점과 결점을 보지 않고 자신을 낮추신 목사님을 위해, 나는 매일 아침 그분을 위한 기도시간을 마련하려고 한다. 그게 바로 하나님이 갈등이 해소되는 순간 나에게 허락하신 마음이다.

사람들 사이의 의사소통은 서로의 마음을 확인하는 중요한 통로다. 자신의 마음을 상대방이 알아주길 바라는 것은 상대방에게 너무 큰 것을 요구하는 일이다. 사람인 이상 우리는 상대방이 이야기하지 않으면 눈치 채지 못하는 경우가 많다. 다시 말해서, 눈치 못 챈 상대방은 인간관계에 아무런 상처를 입지 않은 것이다. 하지만 상대방이 눈치 채지 못했다고 해서 자신이 기분이 상하거나 상대방에 대해 실망하게 된다면, 인간관계가 깨어지는 원인은 바로 자신에게 있다.

주님의 기도는 하나의 흐르는 냇물이다. 작은 새끼 양도 걸어서 건너지만, 덩치 큰 코끼리도 헤엄칠 수 있다.

–독일 속담

왕따 성도 이야기

교우관계

"고 집사, 오늘도 그냥 가려고? 식사하고 가지, 열무김치가 잘 익었는데."

"아니에요, 권사님. 점심 약속이 있어서요. 죄송합니다."

나는 주일 예배를 마치고 돌아갈 때마다 이런 식으로 권사님들과 씨름을 해야 한다. 한 쪽은 식사를 하고 가라고 하고 다른 한 쪽은 그냥 가겠다는 식이다. 언뜻 보면 식사를 권하는 쪽이 상대방을 정말 생각해서 권하는 듯 보이지만 사실은 전혀 다르다.

우리 교회는 점심시간이 되면 교육관을 식당으로 활용한다. 그리고 점심식사 3시간 전부터 권사님들을 비롯해서 제법 믿음이 좋다는 젊은 여 집사들이 식사준비에 들어간다. 200명분의 식사를 준비하려면 시간과 손이 많이 들어가는데 이 일에 몰두하는 사람들은 그런 어려움쯤은 대수롭지 않게 생각하는 듯하다.

솔직히 나는 교회에서 식사하기가 싫다. 정확하게 말하면 내가 원해서 하는 일이 아닌 이상 권사님들이나 여 집사들과 섞여 식사를 준비하고 설거지하는 게 싫은 것이다. 하지만 그들이 장만한 식사에 손을 대게 되면 미안해서라도 뭐든 거들어야 한다. 식사당번들이 꼭 한 번씩 식사하라고 찔러 보는 것도 다 이런 이유 때문이다.

하지만 나는 이런 요구를 매번 뿌리치고 집으로 향한다. 식사를 준비하는 사람들은 이런 나의 태도를 보고 뒷말이 많다고 한다. 심지어 믿음이 없다느니 시험에 들었다느니 사랑이 부족하다느니 온갖 말을 만들어 낸다는 것이다. 그래도 나는 전혀 신경 쓰지 않는다. 뭐든 억지로 하다 보면 그게 오히려 시험 들게 하는 요소가 되어 버린다고 믿기 때문이다.

어쨌든 나는 이런 식으로 교회에 5년 이상 적응해 왔고 이제는 다들 나는 식사당번을 하지 않는 사람이라고 낙인찍어 버렸다. 그런데 나는 남들이 모르는 신체상의 비밀이 있다. 결혼하고 3년째 되던 해였다. 친정어머니가 갑자기 간암에 걸리셨는데, 암세포가 이미 많이 퍼진 상태라 단순히 수술하는 것만으로는 회복이 불가능하기 때문에 간 이식을 해야 한다고 했다. 그래서 가족들 모두 간 검사를 받았고 그 중에서 내가 유일하게 모든 조건이 맞아 떨어졌다.

이렇게 해서 나는 간 일부를 친정어머니에게 줄 수 있었지만, 앞으로 일이나 운동을 무리해서 하게 되면 자칫 간에 무리가 갈 수 있다는 얘기를 들었다. 내가 유독 식사당번을 하지 않으려는 건 바로 이런 이유 때문이었다. 다른 사람들을 위해 시간을 쏟거나 몸을 움직이기 싫어서가 아니라, 결정적으로 내 몸이 따라 주지 못하기 때문에 나는 많은 힘과 노력이 필요한 식사당번을 하지 않으려는 것이다.

하지만 사람들은 내 상황을 모른다. 언젠가 내가 간을 떼 줘서 무리한 노동은 못한다고 얘기하려 했지만, 자칫 핑계를 대는 것 같아서 지금처럼 약속이 있거나 다른 이유를 내세워 회피하곤 했다. 그런데 얼마 지나지 않아 문제가 터지고 말았다. 그동안 식사의 70퍼센트를 책임지고 있던 권사님들이 더 이상 식사당번을 하지 않겠다고 나선 것이다.

"이제 우리 권사들은 교회와 목회자들, 그리고 직분을 맡은 담당자들을 위해 기도하는 일에 전념하겠습니다. 그러니 식사는 여전도회 회원들이 돌아가면서 해주셨으면 합니다."

이 말이 떨어지기가 무섭게 각 여전도회 회장들은 회원들에게 전화를 해서는, 돌아가면서 식사당번을 맡기로 했고 인원이 부족하기 때문에 반드시 식사준비에 참여하라고 독려했다. 하지만 나는 당연히 이런 요구를 거부했다. 솔직히 내 몸 상태가 좋다면 왜 거부하겠는가! 그렇지만 사람들은 항상 자기 중심적으로 생각하기 때문에 다른 사람의 상황이나 상태에는 무관심하기 십상이다. 내 경우도 마찬가지였다.

"고 집사님, 저 제3여전도회 회장입니다. 내일 우리 부서가 식사 담당인 건 아시죠?

"전화해 주셔서 고맙습니다만, 저는 힘들 것 같습니다."

"그러지 마시고 참석해 주세요. 지금 참석하겠다는 사람이 부족해서 제가 무척 힘들어요. 집사님마저 도와주시지 않으면 저 혼자 해야 할 판이에요."

"사실 제가 몸이 좀 안 좋아서요. 그래서 요즘 계속 예배만 보고 집에 일찍 와서 쉰답니다."

"어쨌든 저는 집사님이 내일 참석하시는 걸로 알고 기다리겠습니다. 이만 끊을게요."

여전도회 회장의 전화는 이렇게 일방적으로 밀어붙이는 식이지만 나는 아직 한 번도 식사당번을 한 적이 없다. 비록 몸이 좋지 않아 봉사하지 못하는 상황이었지만, 같은 여전도회에 소속된 사람으로서 함께 일하지 못하는 데 대해 처음에는 미안한 마음이 많았던 게 사실이다. 하지만 권사회와 여전도회 회장의 요구와 다그침이 도를 지나치게 되면서, 나는 그들의 우격다짐 식의 요구에 분노마저 일었다.

심지어 예배가 끝나 돌아가는 여전도회 회원들을 붙들어 식사당번을 하라고 설득하기 위해, 예배가 끝나기도 전에 간부들이 현관 앞에 진을 치는 경우도 있었다. 나는 이런 문제로 골머리를 썩기 싫어서 성가대에 들겠다고 했고 그걸로 식사당번을 면하게 되었다.

사람들은 아마 나의 이런 결정에 대해 속으로 무척이나 화를 냈을 것이다.

가끔 내가 공동의회나 교회 행사에 참석할 경우에는 다들 몸 아픈 사람이 왜 남아 있냐는 식으로 수군거리기도 했다. 일하는 자리는 빠지고 편한 자리에는 참석하는 게 다들 보기 싫다는 표정이었다. 하지만 나는 그들의 눈치와 따돌림에도 개의치 않고 내 주관대로 신앙생활을 했고, 이런 상황이 지속되면서 그들과의 갈등의 골은 점점 더 깊어졌다.

하루는 내가 소속된 여전도회 회장이 갑자기 나를 불러 세웠다.

"고 집사님, 너무 심한 거 아닌가요?"

"뭐가요?"

"누군 뭐 힘이 남아서 봉사하는 줄 아세요? 이렇게 말하면 기분 나쁠지 모르겠지만, 오늘은 꼭 이 얘기는 하고 넘어가고 싶네요. 집사님은 우리 전도회 소속 아니세요? 맞잖아요. 그러면 최소한 한두 번은 봉사하러 오셔야 하는 거 아닌가요? 집사님한테 일 다 하라고 떠넘기는 것도 아니잖아요. 같이 힘을 합해 섬기자는데 어떻게 한 번도 안 나오실 수가 있나요?"

"말씀드렸잖아요. 저는 육체적으로 많이 약해서 그런 힘든 일을 할 수가 없다고요. 그리고 봉사는 자발적으로 해야지 그렇지 않으면 별 의미도 없잖아요. 만일 이런 식으로 봉사를 강요하신다면 회장님이 아무리 강하게 나오셔도 저는 더더욱 승복할 수가 없어요."

"집사님하고는 더 이상 얘기를 못 하겠네요. 무슨 말씀이신지 잘 알았습니다."

그러던 어느 날 나는 친정어머니를 모시고 정기검진을 받기 위해 서울에 위치한 대학병원으로 향했다. 그런데 그곳에서 마침 간호사로서 교회의 의료선교 분야를 담당하는 전도사님을 만났다. 나는 교회 사람들이 내 사정을 아는 게 싫어서 이런저런 얘기를 하지 않았기 때문에 친정엄마가 간암에 걸렸었다는 사실과 내가 간 이식을 해주었다는 얘기를 아는 사람은 아무도 없었다. 하지만 전도사님을 만나 얘기를 하다 보니 내 사정을 자연스럽게 얘기하게 되었다.

"집사님도 참, 그런 일이 있으면 말씀해 주시지 그러셨어요! 제가 부임하기 전에 수술하신 거긴 해도 목사님께 말씀드리고 함께 기도하면 좋았잖아요."

"사실 그때는 저도 경황이 없었어요. 모든 게 너무 급하게 결정되고 진행되었기 때문에 저도 제정신이 아니었죠. 목사님이나 다른 성도들께는 정말 죄송했지만 저로서도 어쩔 수 없었어요."

"집사님이 식사당번이나 수련회 봉사 같은 일을 빼 달라고 하셨던 거나, 육체적으로 힘든 일을 그렇게도 어려워했던 게 이제야 좀 이해가 됩니다. 아마 이런 사정을 모르는 분들은 마음에 상처도 받았을 것이고 오해도 많이 했을 거예요."

"따지고 보면 제 잘못도 크죠. 제 사정을 말씀드리고 싶었지만 막상 변명처럼 비칠까 봐 입이 떨어지지가 않더라고요. 결국 제 알량한 고집 때문에 오히려 성도들과의 관계만 어색하게 되어 버렸죠."

"지금이라도 늦지 않았으니까 목사님을 비롯해서 권사님들과 여전도회장님께는 꼭 말씀드리는 게 좋겠어요."

"네, 그렇게 하겠습니다."

우연히 찾아온 만남을 통해 나는 그간 짊어지고 있던 마음의 짐을 털어 버렸다. 바로 그 주일에 나는 목사님을 비롯해서 내가 몸담고 있는 여전도회 회장에게 내 사정을 얘기했다. 내 모든 상황과 사정을 들은 그들은 그때서야 마음 깊은 곳에서 우러나는 공감을 표시했다.

내가 모든 사정을 얘기한 뒤부터는 나를 보는 시선들이 편안해졌고 나 또한 성도들을 편안한 마음으로 대할 수 있게 되었다. 이번 일을 통해 다시 한 번 깨달은 것은, 성도란 결국 기쁨과 슬픔을 함께 나누어 갖는 존재라는 사실이다. 아직 익숙하지는 않지만 앞으로는 좀 더 나 자신을 투명하게 드러내며 살아가겠다고 다짐해 본다. 나 자신의 이기적인 성향으로는 불가능하겠지만 하나님이 이끌어 주시면 나는 성도들과 함께 내 삶을 나누어 가질 수 있으리라 믿는다.

공동체 안에서 의사소통은 더욱 중요하다. 인간에게 소속감은 그의 삶을 풍요롭게 하는 원동력이다. 소속감을 잃어버렸을 때 느끼는 감정의 크기는 엄청난 좌절을 경험하는 것과 같다. 소속감이란 외형적인 활동 안에서 이루어지는 것이 아니라 서로의 정신과 의식이 공유되어 이루어진다. 이런 정신과 의식을 공유하는 사람들은 개인의 외형적인 활동이나 상황에 대해서는 얼마든지 이해한다. 즉 몸이 아프면 그 사실을 공동체에 분명히 이야기해서 함께 동참할 수 없는 이유를 알림으로써, 몸으로는 오늘 일에서 빠지지만 공동체의 일원으로서의 위치는 분명하다는 것을 서로 확인할 때 오해의 소지는 사라진다.

자연을 보라. 그리고 자연을 배우라. 자연은 끊임없이 자신을 단련한다. –루소